AF602020

Photos/Fotos**: Mercedes Arturo**
Texts/Textos**: Marcelo Lara**

IG @no_in_the_usa

Review and textual correction/Revisión y corrección textual: Amy Nigh M.A.
Design/Diseño: Andrea Lamas
Publisher/Editor: @no_in_the_usa

Thanks to Florencia Rullo, Hernán Ortega,
Nancy Arenas and Max Rompo for the attentive reading.
Gracias por la atenta lectura a Florencia Rullo, Hernán Ortega,
Nancy Arenas y Max Rompo.

ISBN/SKU 9798218134464

Lasciate ogne speranza, voi ch'entrate.
Dante Alighieri, *Divina Commedia,* "Inferno", canto III, v. 9.

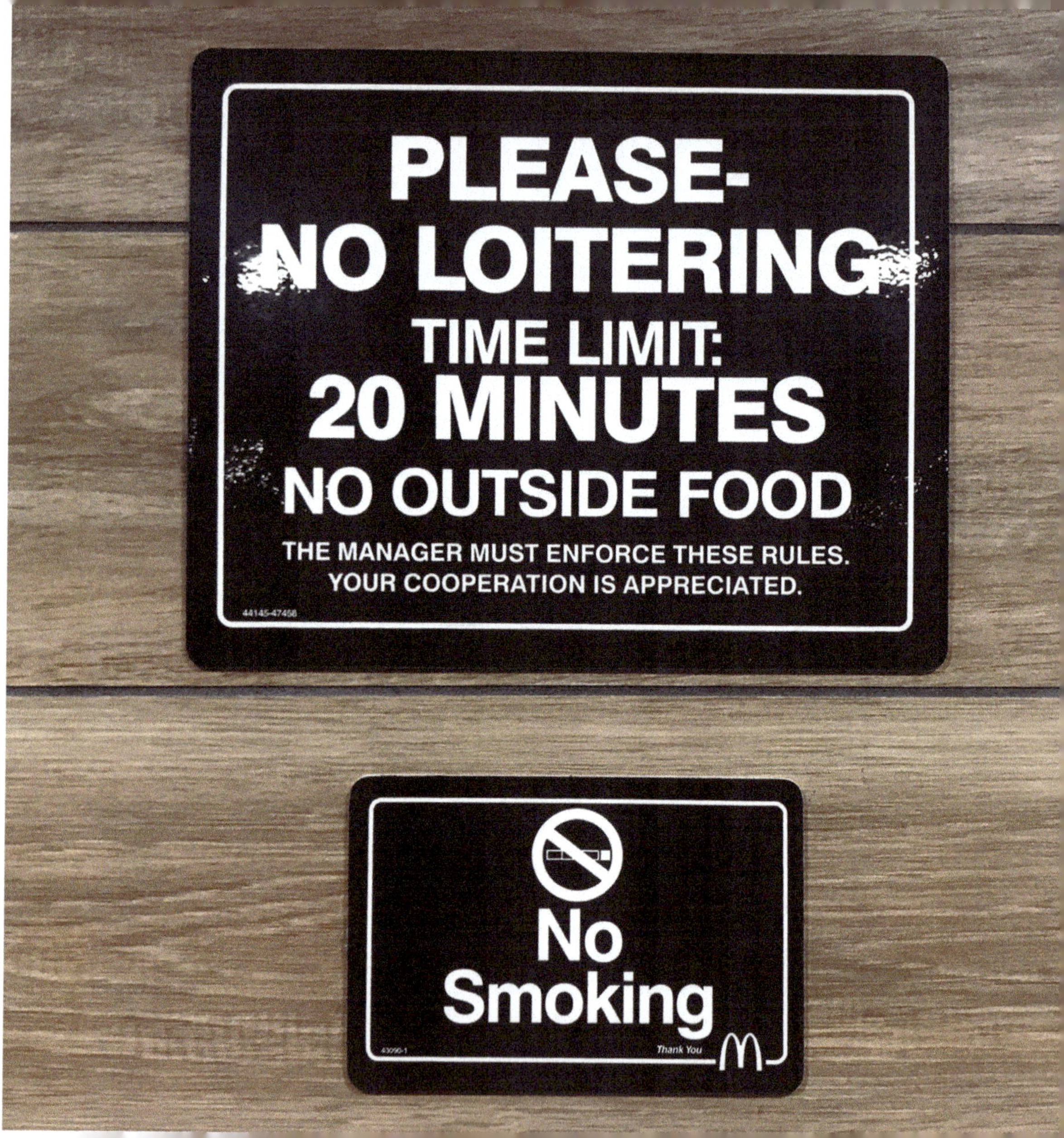

PLEASE-
NO LOITERING
TIME LIMIT:
20 MINUTES
NO OUTSIDE FOOD

THE MANAGER MUST ENFORCE THESE RULES.
YOUR COOPERATION IS APPRECIATED.

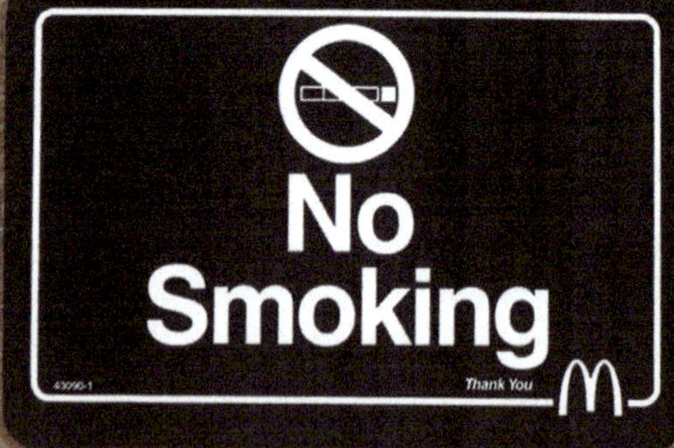

NO IN THE **USA**

There is a group of NO's that strikes you at the most unexpected moments. The first NO that sparked the capture of this series of NO's unveiled itself on a frozen January evening in NYC, an evening with little money and damp socks which forced us to walk into a McDonald's restaurant on Broadway, near Wall Street. We were desperately looking for somewhere to sit and remain quiet and still.
Somewhere to rub our toes.
Somewhere where dampness would vanish.
Anywhere.
Our search was abruptly interrupted by a gently disguised prohibition.
A sign hanging on the wall opposite our table read:

PLEASE-
NO LOITERING.
TIME LIMIT:
20 MINUTES.
NO OUTSIDE FOOD

We had been caught off-guard by a prohibition intended for a fraction of people who happened to be in damp socks. Had we not been cold... Had we not had damp feet... we probably would have bypassed the sign unawares. But it was cold, and our feet were damp, nearly frozen. Therefore, our circumstance made readers of us.
Readers read.
From that day, a tapestry of NO's began to reveal themselves to us all over the city.

NO after NO after NO, until we realized that they had become the norm to us. Something which had been hiding in plain sight suddenly dawned upon us. The NO gained sovereignty; it was activated as suited the occasion. It was not a personal issue. The situation one happened to be immersed in triggered the viewing of the NO.
It was a problem of population.

From then on, we both became compulsive readers of countless prohibitions, warnings, and suggestions which were not always intended for us. And yet there we were, blind and naked before a whole universe of proscriptive signs. And so we remain, blind and naked.
The question was not quite *being* something visible–poor, homosexual, transsexual, black, Latino, etcetera –but it wasn't exactly hidden either. It was a sort of game in which our forms of life were caught and it shaped who we could be. It was a game in which life was a property worth being included, localized, expelled, banned, avoided, cured, etcetera and the danger was to be fully captured by one of those labels. Whether it was by chance or by distraction, reading 'life' in this manner was suddenly brought to light in those prohibitions. For some time thereafter we became readers of those statements.
Overlapping signs began to make it impossible to see, a pastiche of statements over other pastiches of statements. Seven, eight, twenty NO's per square meter. It was NO on top of NO on top of NO.
That very first sign hanging on the wall on that cold evening with little money and damp socks had been able to foretell a necessity of some kind and also a desire for shelter. As it turns out, that very first cold sign had predicted other necessities. On streets and in fast food restaurants, we saw people weeping, we saw people

trying to connect to a wi-fi signal, we saw people selling stuff, we saw people boiling water for pasta.

We saw people.

Clearly, everything had always been there. But we hadn't bothered to read the signs. We are preaching to the choir at this point. We know.

Desire is production, invention, imagination, life in constant movement. Desire ignites the unexpected.

The dreamt-of efficiency of that first NO had been extraordinary: it had been there to capture births of all kinds and account for the unexpected.

But later we began to read other NO's which were even more efficient, which had more foresight, NO's which were abstract to such an extent that they seemed to be able to capture that glimpse of imagination that escaped any kind of control.

Here in this volume, we present to you a series of signs that we captured with our cell phones during our strolls, on our way to work, while loitering around New York City. Signs that swing between delirium and witticism, building something as they go, find us in a catch-22. It's generally something we take for the real thing, something which opens up empty spaces that can be filled in by random circumstance.

Nevertheless, the purpose of this tiny notebook of words and things is by no means meant to unravel the function of those signs, least of all their meaning. This tiny book of words and things just tries to stay awake in order to stay alive.

NO IN THE **USA**

Existen unos NO que aparecen exactamente cuando uno menos los espera.
El primer NO que encendió la chispa de esta serie se hizo presente una tarde helada de enero en Nueva York, tarde de poco dinero y medias húmedas que nos obligó a confinarnos en un McDonald's de Broadway, por la zona de Wall Street.
Buscábamos un sitio donde permanecer sentados, quietos.
Un sitio donde poder frotar los dedos de los pies.
Un sitio donde se evaporara la humedad.
Un sitio.
Pero esa búsqueda fue sorprendida por una prohibición disfrazada de advertencia.
En la pared frente a nuestra mesa un cartel decía:

POR FAVOR-
NO HARAGANEAR.
TIEMPO LÍMITE:
20 MINUTOS.
NO COMIDA EXTERNA

De pronto, habíamos sido sorprendidos por una prohibición dirigida a un fragmento de población de medias húmedas. Quizás sin frío ni pies húmedos el cartel habría pasado inadvertido, pero hacía frío y teníamos los pies húmedos.
Así que nuestras circunstancias nos convirtieron en lectores.
A partir de ese día la ciudad se comenzó a tapizar de NO. Todos esos NO que habían pasado de largo tantas veces se volvieron permanentes a la vista.

Comenzó a aparecer aquello que sin estar escondido, nunca habíamos visto. El NO adquiría soberanía, se activaba cuando la ocasión lo hacía reaccionar. No era una cuestión personal. La circunstancia en la que uno ingresaba los activaba.

Era un problema poblacional.

A partir de entonces, uno y otro nos volvimos lectores compulsivos de las innumerables prohibiciones, advertencias y sugerencias que no siempre iban exactamente dirigidas hacia nosotros, no porque fuéramos algo importante, algo ubicado en el afuera de toda restricción, sino porque no siempre nos convertíamos en un blanco en todas las ocasiones.
El problema no era tanto ser algo –pobre, homosexual, transexual, negro, latino, etcétera–, sino entrar en un juego en el que nuestras diversas formas de vida fueran capturadas en un atributo que era digno de incluir, enderezar, acomodar, esquivar, localizar, prohibir, expulsar, etcétera. El problema era encajar en la coyuntura.

Por suerte o distracción, la lectura, es decir, la vida se nos había activado.
De este modo, durante algún tiempo nos convertimos en lectores de todas esas prohibiciones, advertencias, sugerencias. Así comenzaron a aparecer carteles superpuestos, formaciones de siete, ocho, veinte NO por metro cuadrado, NO sobre NO sobre NO.

El cartel de aquel McDonald's de la tarde de frío y dedos húmedos, había sido capaz de prever una necesidad, el deseo de refugio. Pero con el tiempo nos dimos cuenta de que también había previsto otras necesidades. Vimos gente

llorando, vimos gente captando la señal de wi-fi, vimos gente vendiendo, vimos gente durmiendo, vimos gente hirviendo el agua para cocinar pasta.
Vimos gente.
Todo eso siempre había estado allí, evidentemente. Lo que nunca habíamos leído era el cartel.

El deseo es producción, invención, imaginación, movimiento mismo de la vida. El deseo activa lo imprevisto. La soñada eficacia de aquel primer NO había sido prodigiosa: había estado allí para captar nacimientos y abarcar imprevistos.
Pero con el tiempo comenzamos a leer otros NO todavía más eficaces, más previsores, unos NO de un nivel de abstracción tal que parecían ser capaces de capturar ese instante de imaginación que se fugaba de cualquier tipo de control. Aquí hemos traído un manojo de esos carteles que tomamos con nuestros celulares durante nuestros paseos, en nuestro camino al trabajo, y también mientras andábamos por andar en las ciudades de USA. Carteles que se desplazan entre el delirio y la broma, construyendo a cada paso algo que imaginamos que es lo real, abriendo espacios vacíos que alguna circunstancia ya se ocupará de llenar. Sin embargo, este pequeño libro de palabras y cosas no se propone desentrañar la función de todos y cada uno de esos carteles. Su propósito no es de ninguna manera descubrir sus funciones ni sus significados. Este librito de palabras y cosas sólo intenta permanecer despierto para estar vivo.

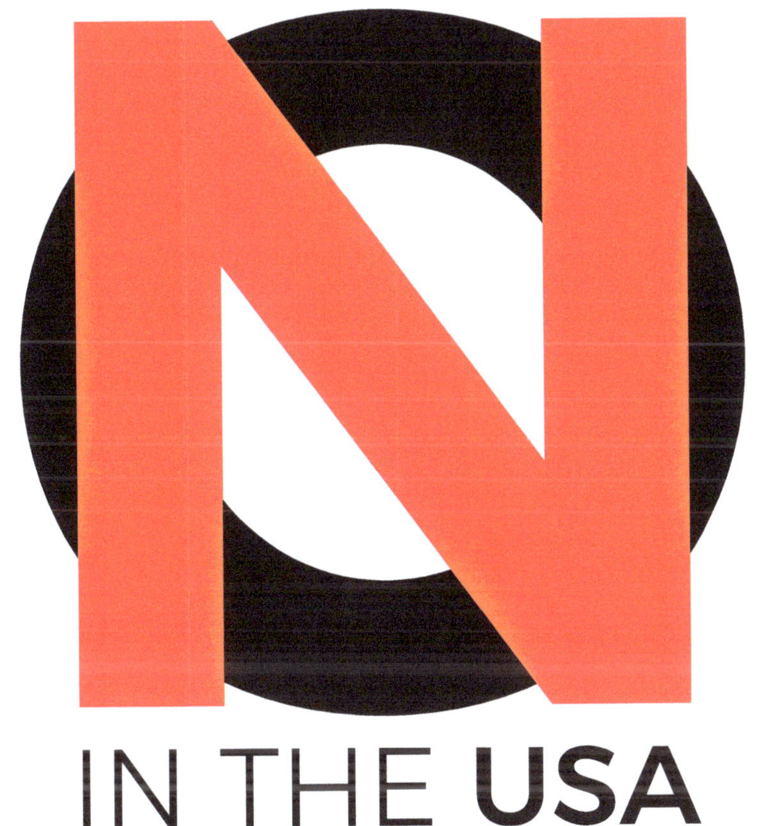
IN THE USA

SÓLO CARGANDO

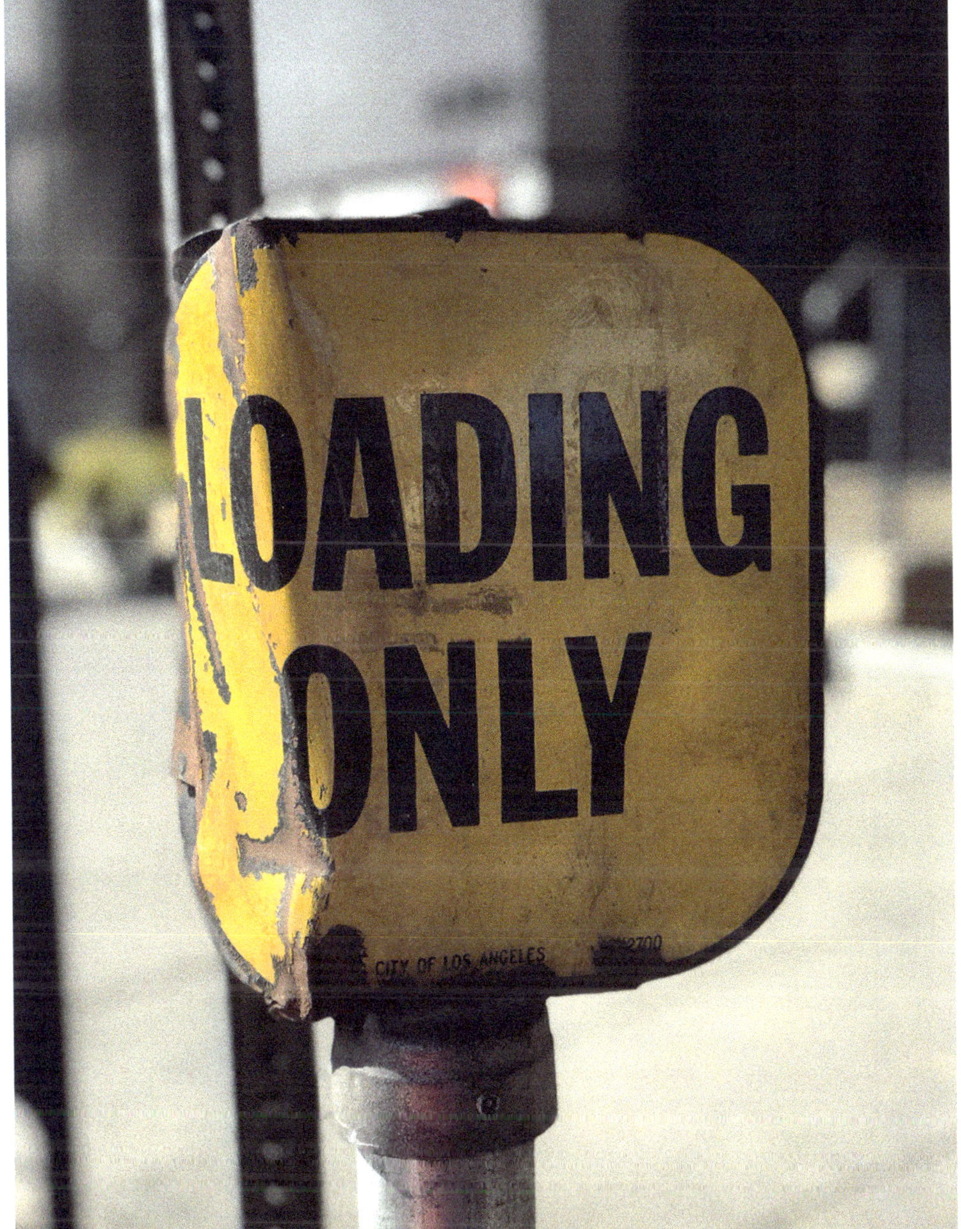
LOADING
ONLY
CITY OF LOS ANGELES

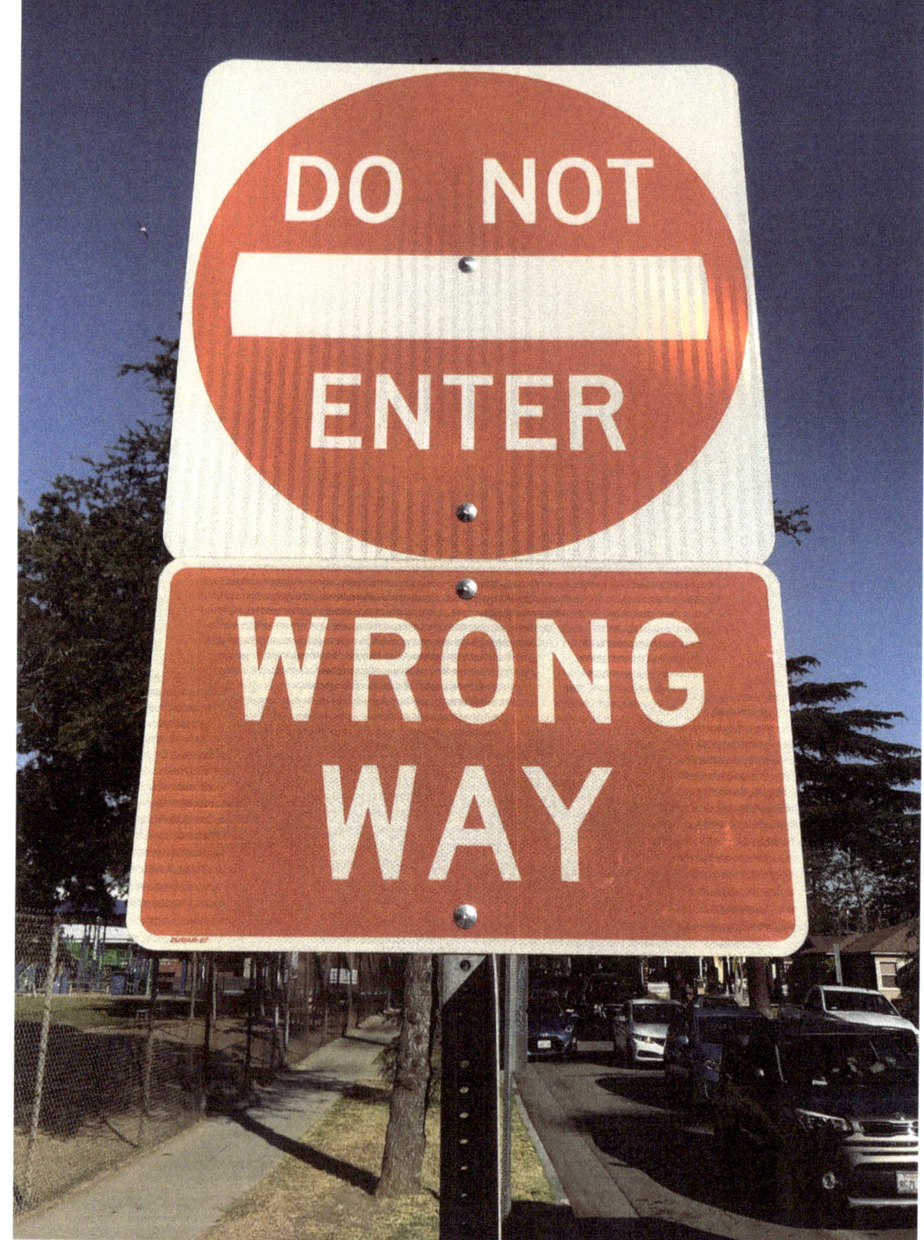
DO NOT
ENTER
WRONG
WAY

NO ENTRE MAL CAMINO

Culver City, California,
June 2018

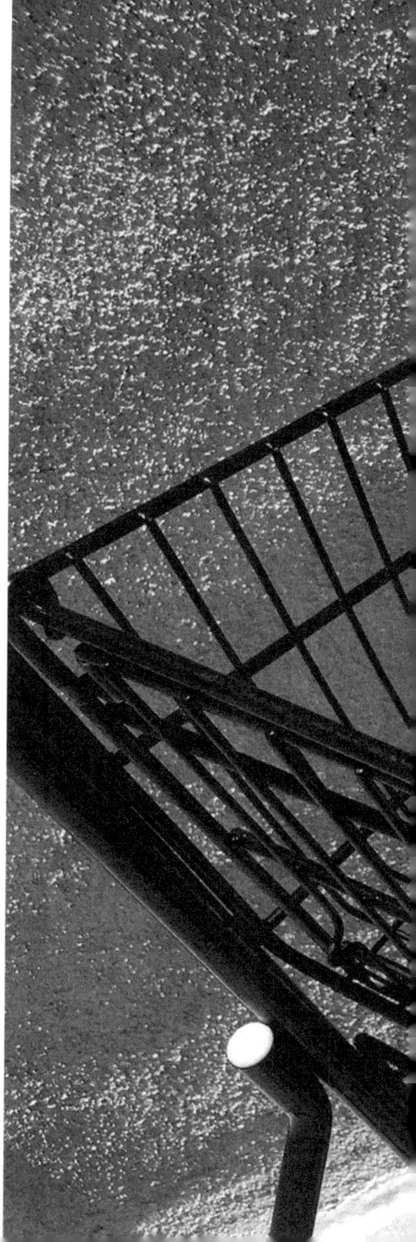

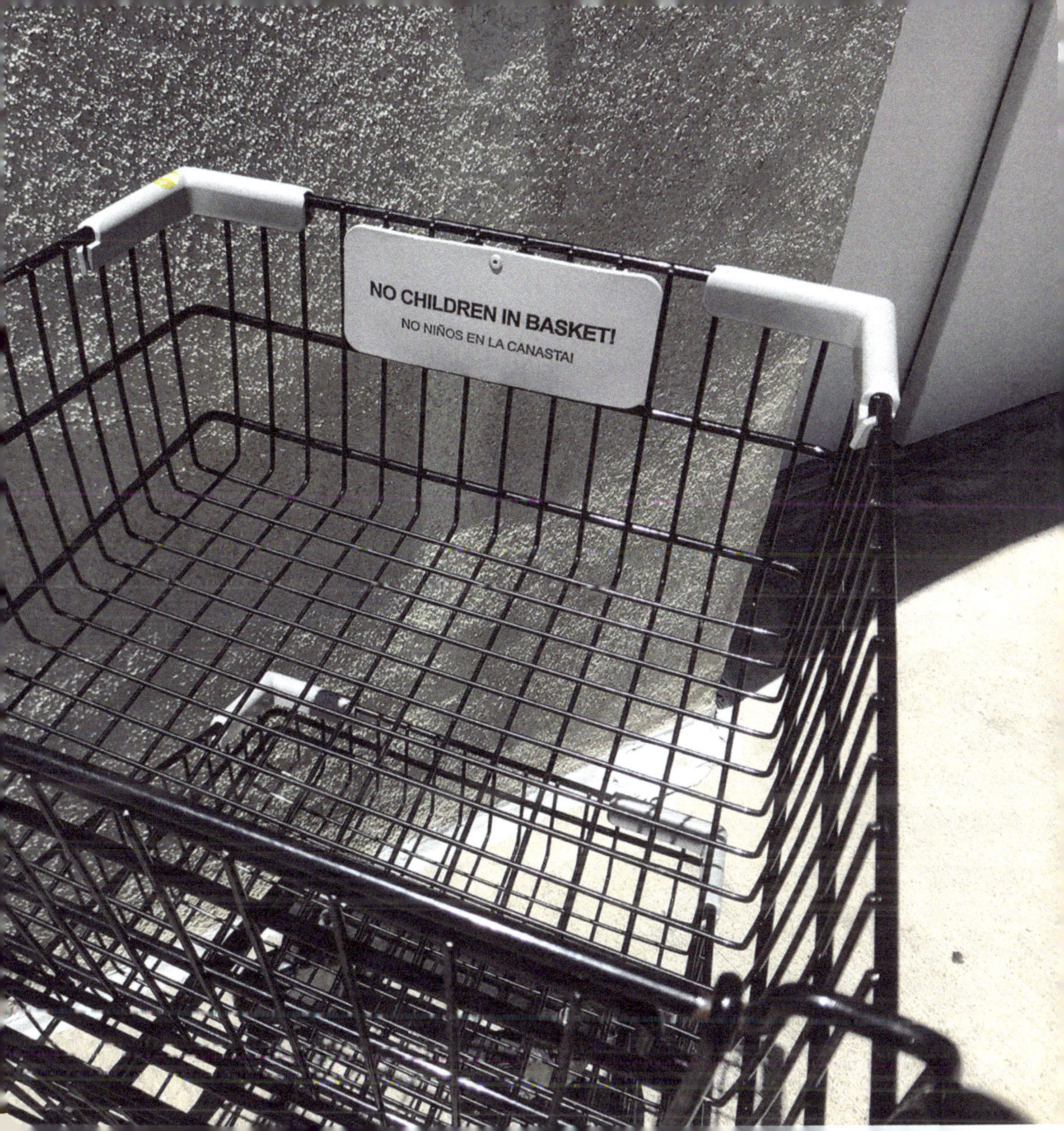
NO CHILDREN IN BASKET!
NO NIÑOS EN LA CANASTA!

ON TRANSLATION
NO CHILDREN IN BASKET!

In this bilingual edition we tried to play with the signs that had been translated for Spanish-speakers. Those translations –the real ones, the ones we are exposed to every day– while they are technically written in Spanish, the literal nature of the translation leaves much to be desired. They are more like approximations, forced translations. So when it came time to translate, we thought we ought to have fun with it and push the translations to the edge of absurdity. On that note, we believe that life would somehow be enhanced if authorities followed suit, and pushed that edge too... this way, warnings and prohibitions could, maybe, provoke a smile.

SOBRE LA TRADUCCIÓN
¡NO NIÑOS EN CANASTA!

Para esta edición bilingüe hemos intentado jugar con las traducciones de los carteles que se hacen para los hispanoparlantes. Esas traducciones –las reales, las que se ven todos los días– tienen de español lo que el aceite de agua. Son aproximaciones, traducciones de compromiso. Cuando vino el momento de traducir, nos propusimos reírnos y llevar la idea de traducción hasta el límite de lo absurdo. Creemos, por otra parte, que sería mucho más bello que las autoridades jugaran a ese límite. De esta manera, las advertencias y prohibiciones podrían, quizás, robar alguna sonrisa.

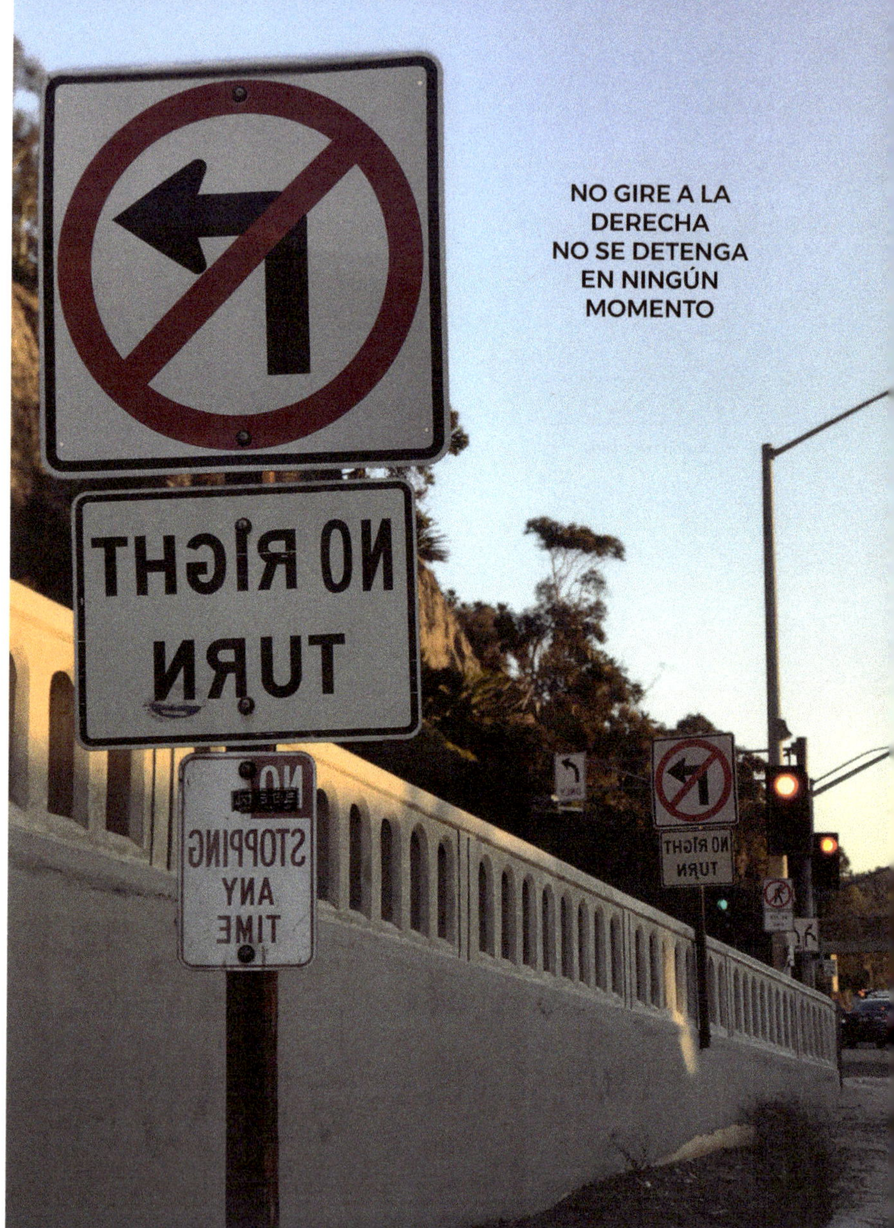

NO GIRE A LA
DERECHA
NO SE DETENGA
EN NINGÚN
MOMENTO

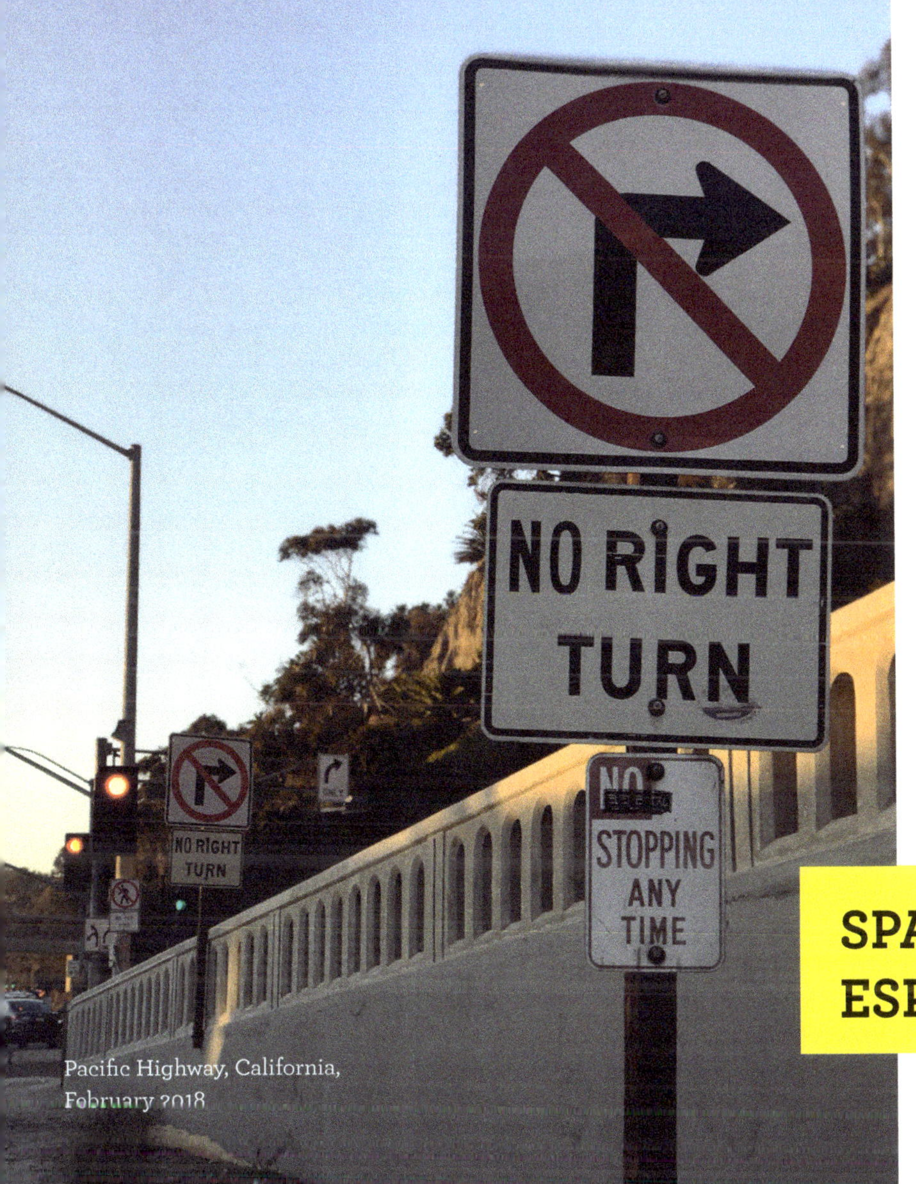

Pacific Highway, California,
February 2018

SPACE
ESPACIO

And so, we started. We began. We set off.
We set off on an unplanned journey through the streets, tunnels, yards, bridges, squares, and lanes of New York City.
One, two, three, a half, a thousand angels passed us by. We went after them following their paths down this unpredictable rabbit-hole of a city named after her older sister overseas in England, York.
Not having a plan wasn't a problem because every step the angels took led us in multiple directions.
And so we set off...
Since circulation seems to be the "king of modernity", we knew we were on track even though we had no definite plan.
Planless as we were, flesh and stone became one. Flesh and stone and soul. A unit rolling down the streets of a disciplined city.
How can it possibly be that out of the blue an unpredictable rabbit-hole of a city turns into a disciplined space where everything has already been predicted?
Every inch of every space, no matter how small or enormous it might be, has a sign hanging on it.
Even those places where there is no space have a warning sign reading that *that* space is *not* a place somehow still managed to have one.
But after all, it is not only about stones, walls, and streets...
For some time physical spaces have given up the control of their organizing power to the invisible comedy of virtual life.
In this sense, a new map of the world has been juxtaposed onto the one made of stones, walls, and streets.
This new map points out and creates a moving cartography seemingly showing the "king of modernity" a new *turn of the screw: all that is solid melts into the*

air, again, and again...
Yesterday things that seemed to be fixed to our bones, today are no longer.
They move. They disappear.
After all, the acclaimed beaten track becomes a mere wish, a utopia, and at times a dystopia.
But there are angels. Angels plowing the land in different directions that leave no trace or sign. And those directions are like lightning. They don't guide you. They push you. They show you the discipline you are caught up with.
Should we stay or should we go?
Better to become invisible.

Y entonces empezamos. Salimos.
Comenzamos el recorrido de un viaje sin planes a través de las calles, túneles, patios, puentes y senderos de la ciudad de Nueva York.

Uno, dos, tres miles de ángeles de carne y hueso pasaron por delante nuestro. Los perseguimos siguiendo sus estelas en esta ciudad de madrigueras, cuyo nombre hereda de su hermana del otro lado del Atlántico.
Y seguimos.

Y entonces avanzamos al azar...
Y como la circulación parece ser la "reina de la modernidad", sabíamos que siempre estábamos donde había que estar aunque no tuviéramos ningún plan.

Sin una guía a la que seguir, la carne y la piedra se volvieron una sola. Carne y piedra y alma. Una unidad dando vueltas carnero por una ciudad disciplinada. ¿Cómo es posible que de repente y de la nada una ciudad madriguera se convierta en un espacio disciplinado donde todo ya ha sido preconcebido?
Cada centímetro de cada espacio, no importa cuán pequeño, grande o inmenso se presente, tiene un aviso que le cuelga.
Incluso esos espacios donde no hay espacio cuentan con una advertencia indicando que ese espacio no es tal cosa.

Pero después de todo, no sólo se trata de piedras, de muros y calles... Desde hace algún tiempo, los espacios físicos han cedido el control de su poder de organización a la comedia de la vida virtual.
En este sentido, un nuevo mapa del mundo se yuxtapone al de las piedras, los

muros y las calles.

Este nuevo mapa indica y crea una nueva cartografía que parece estar mostrándole a la "reina de la modernidad" una nueva vuelta de rosca: todo lo sólido se desvanece en el aire, una vez, y otra vez más...
Las cosas que ayer nomás parecían estar pegadas a nuestros huesos hoy desaparecen. Se mudan.
Después de todo, el tan mentado camino seguro deviene un mero deseo, una utopía y, a veces, una distopía. Además, luego dejamos la ciudad para perdernos en espacios más abiertos como el desierto.

Pero hay ángeles por allí. Ángeles que pasan sus arados en diversas direcciones sin dejar signo alguno. Y esas direcciones son como el relámpago. En realidad no te guían, sino que te empujan. Te muestran la disciplina en la que estás atrapado.
¿Qué deberíamos hacer, irnos o quedarnos?
Mejor pasar desapercibido.

CAMINAR | BICICLETEAR
CORRER | PATINAR

PEATONAL | BICISENDA

Tribeca, NYC,
April 2018

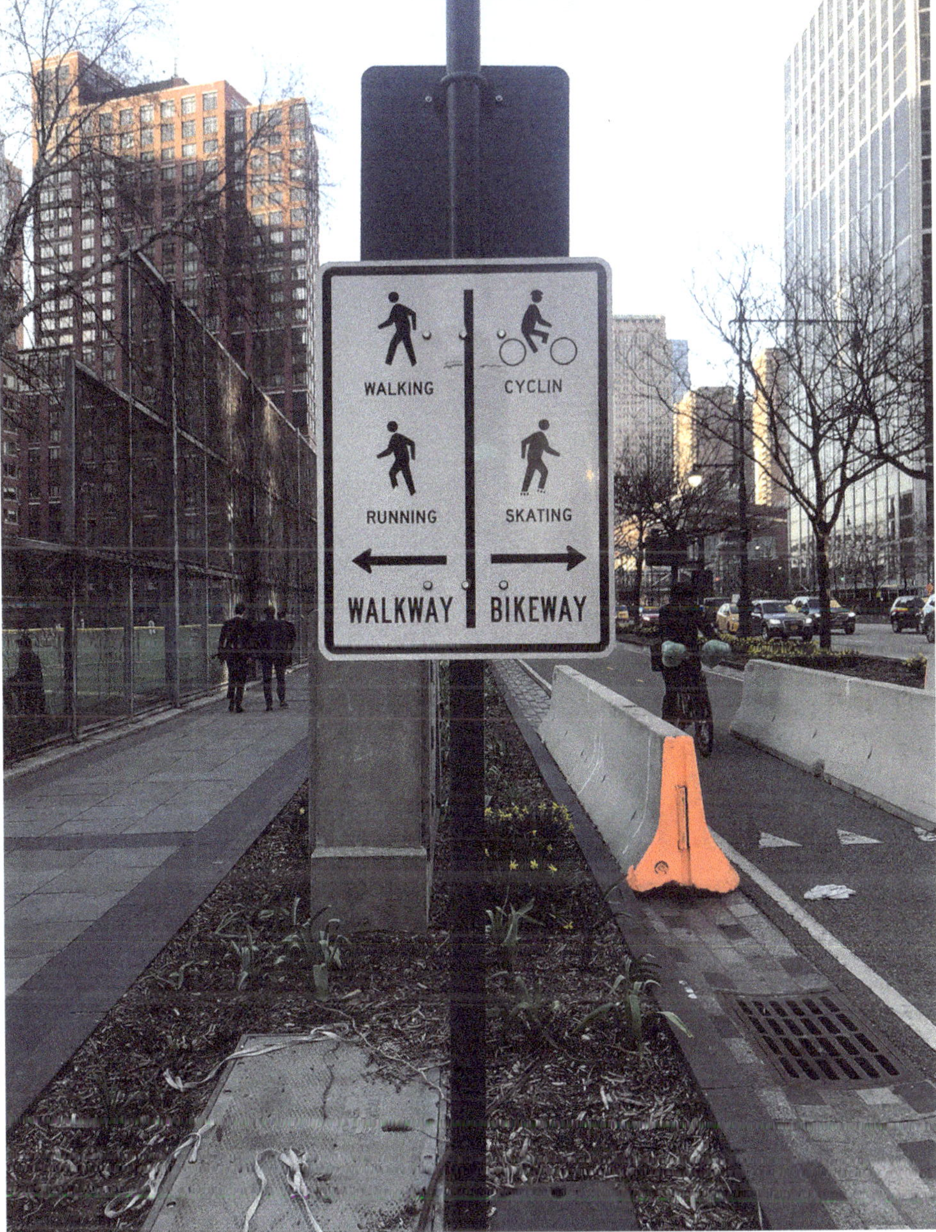
WALKING
CYCLIN
RUNNING
SKATING
WALKWAY
BIKEWAY

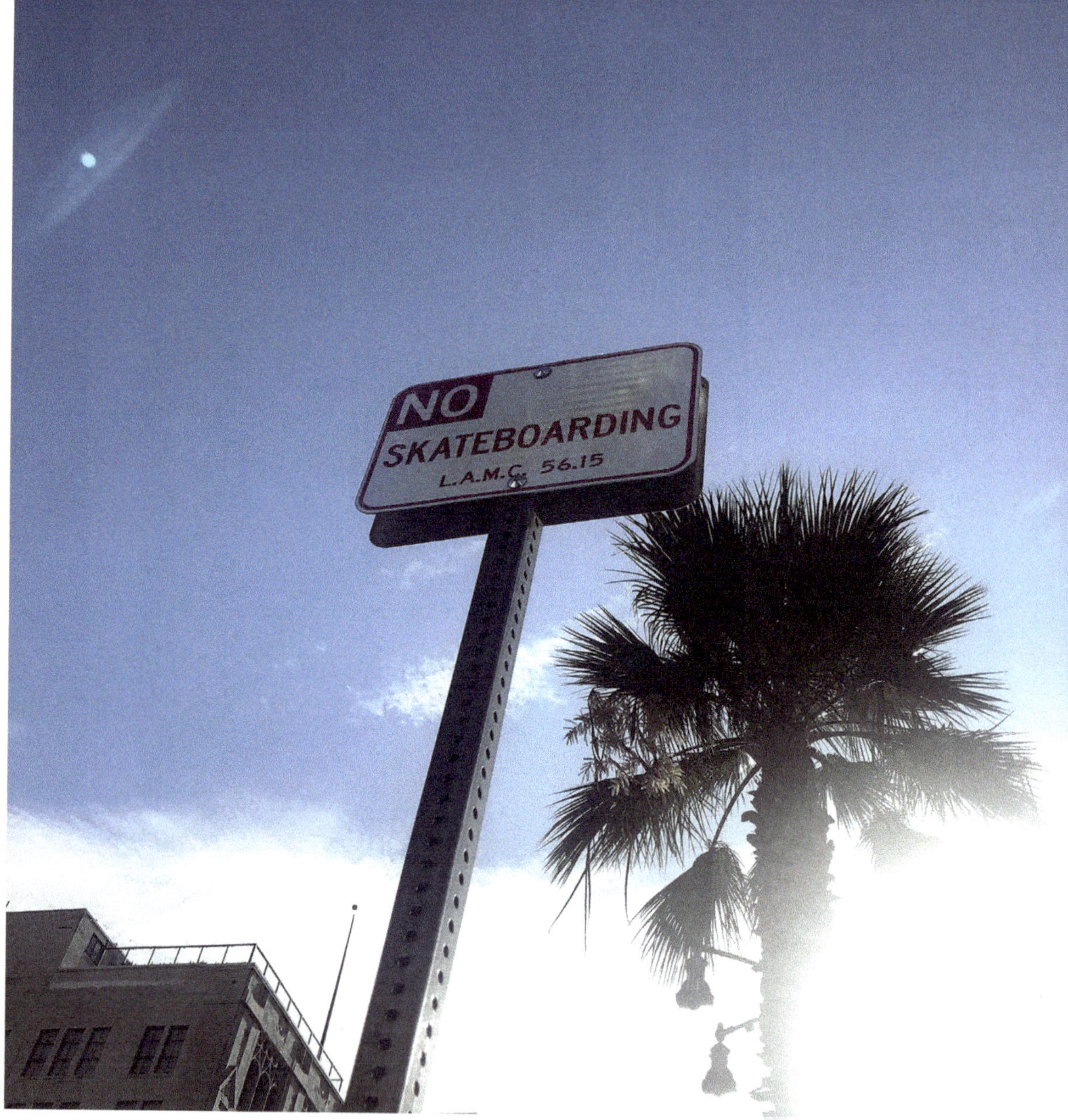
NO
SKATEBOARDING
L.A.M.C. 56.15

NO
SKATEAR

Hollywood, Los Angeles,
July 2018

Bosque Sagrado

NO BICICLETEAR
NO PATINAR
NO SKATEAR

Los Angeles, California,
March 2018

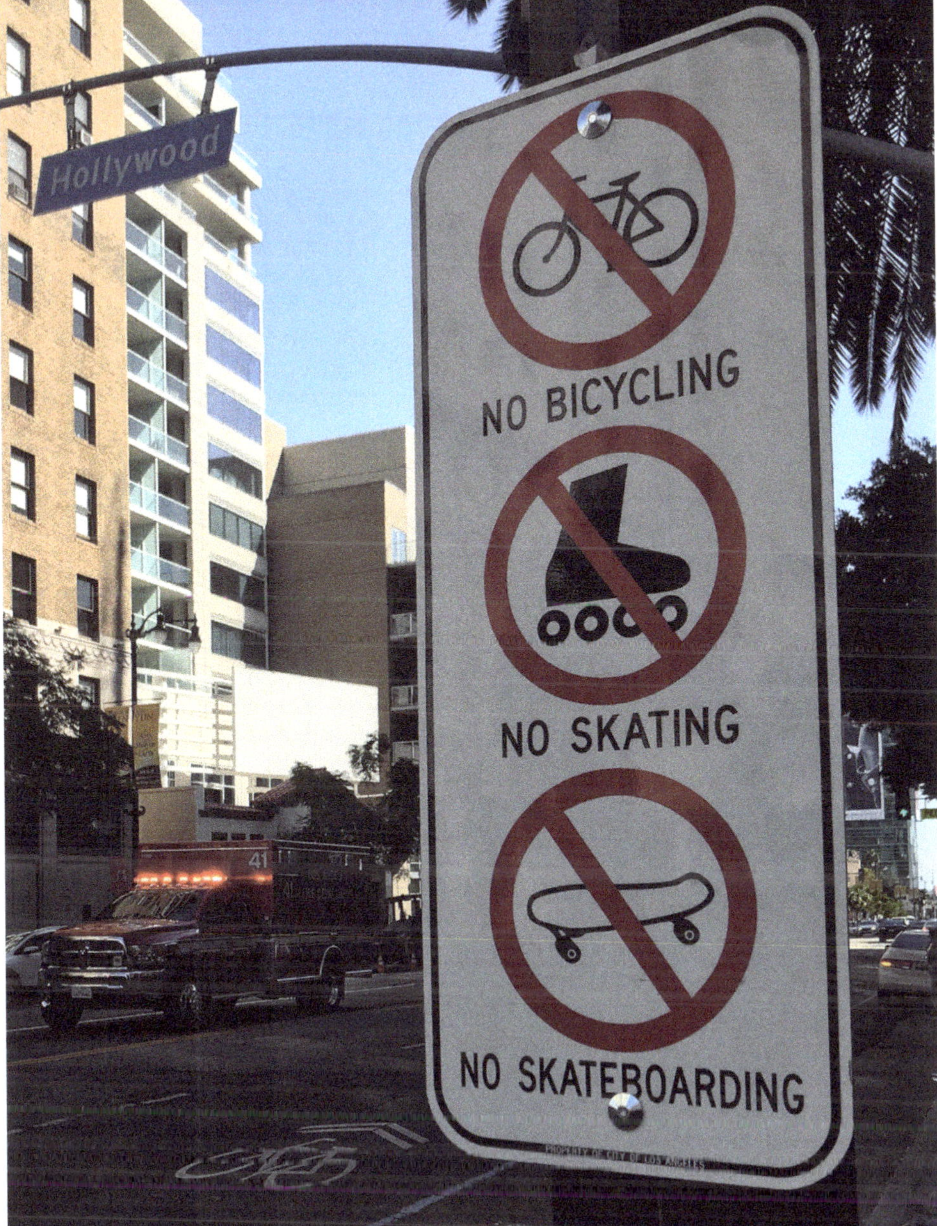
Hollywood
NO BICYCLING
NO SKATING
NO SKATEBOARDING
PROPERTY OF CITY OF LOS ANGELES
41

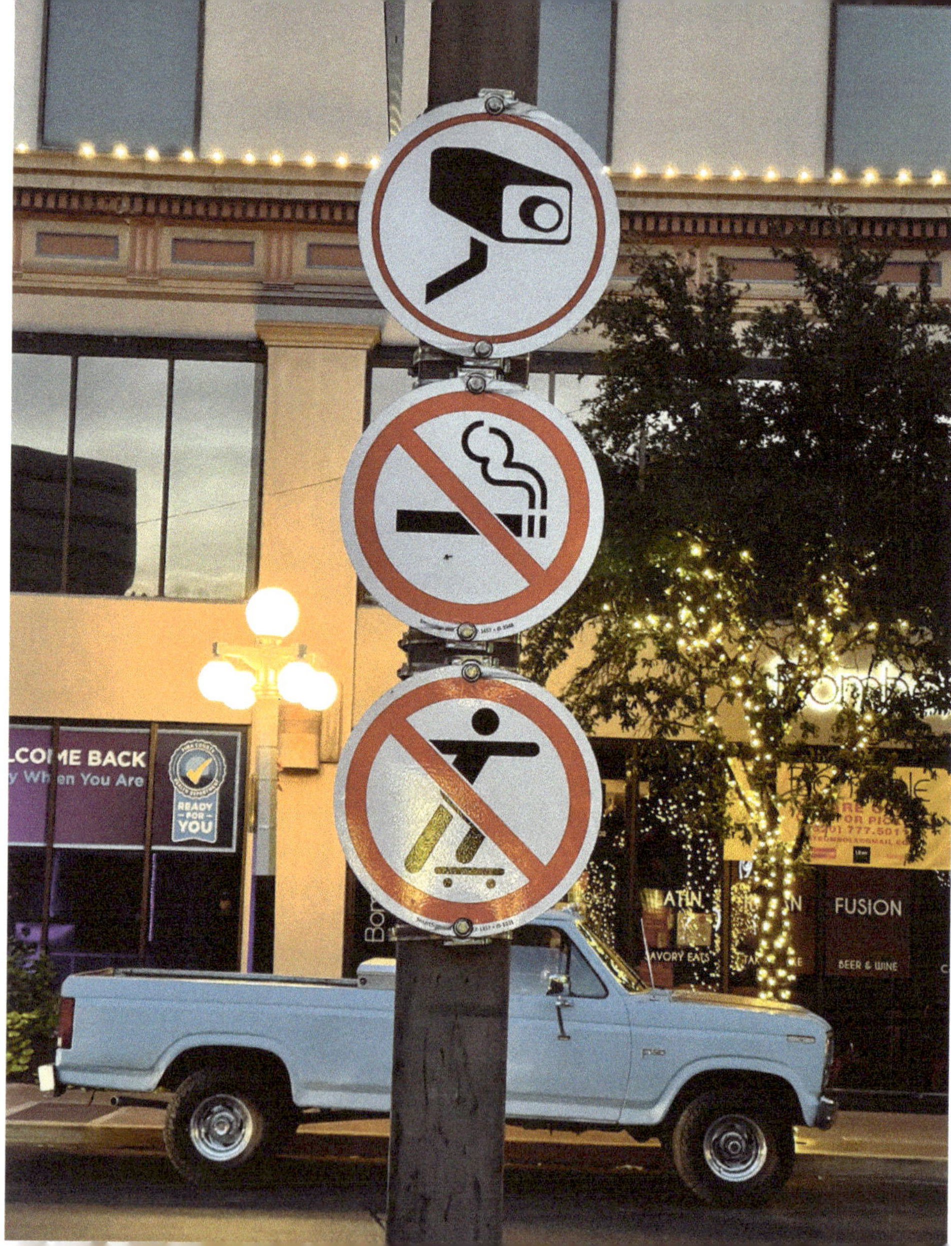
LCOME BACK
READY FOR YOU
FUSION
BEER & WINE

Tucson, Arizona,
December 2020

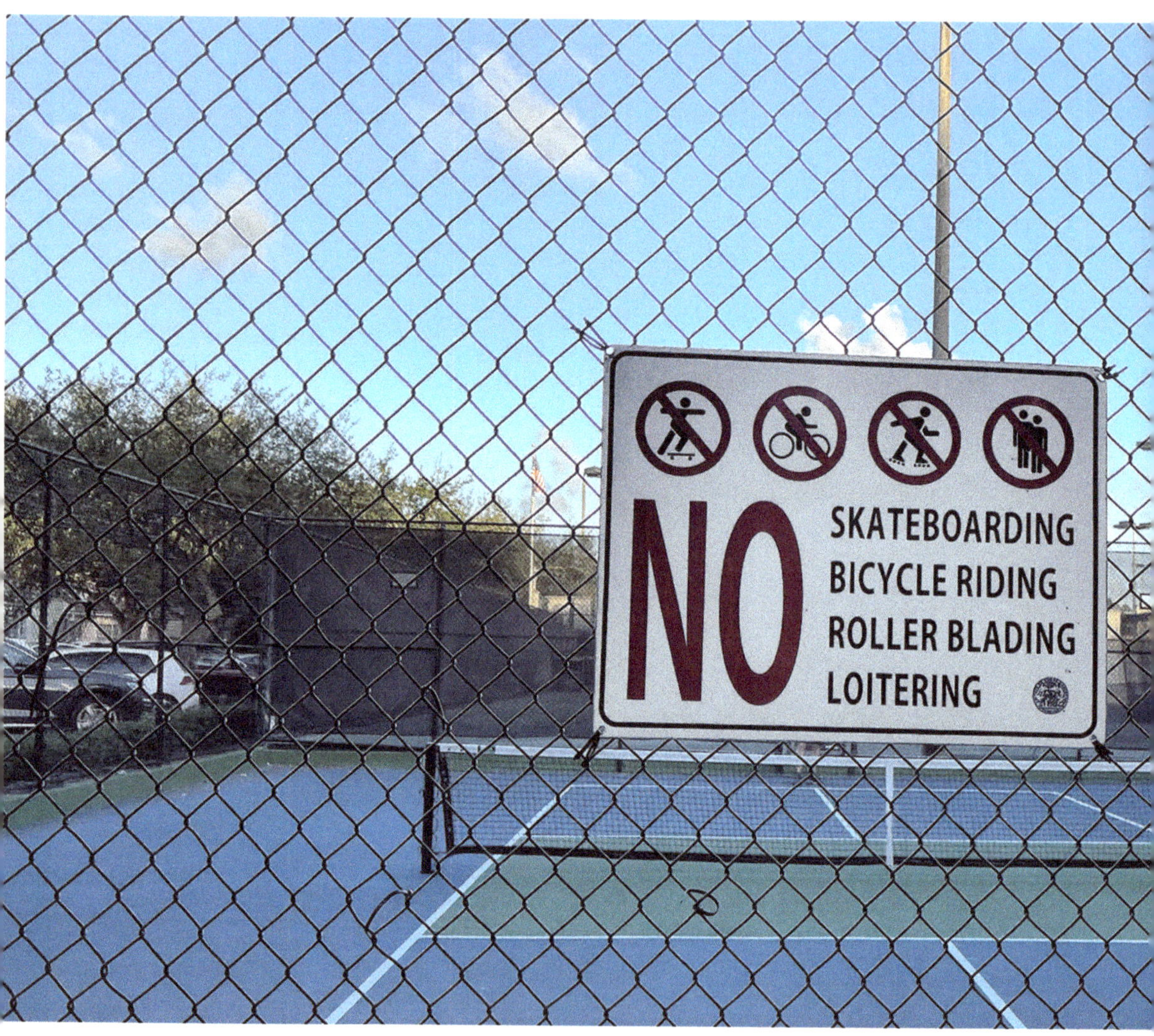
NO
SKATEBOARDING
BICYCLE RIDING
ROLLER BLADING
LOITERING

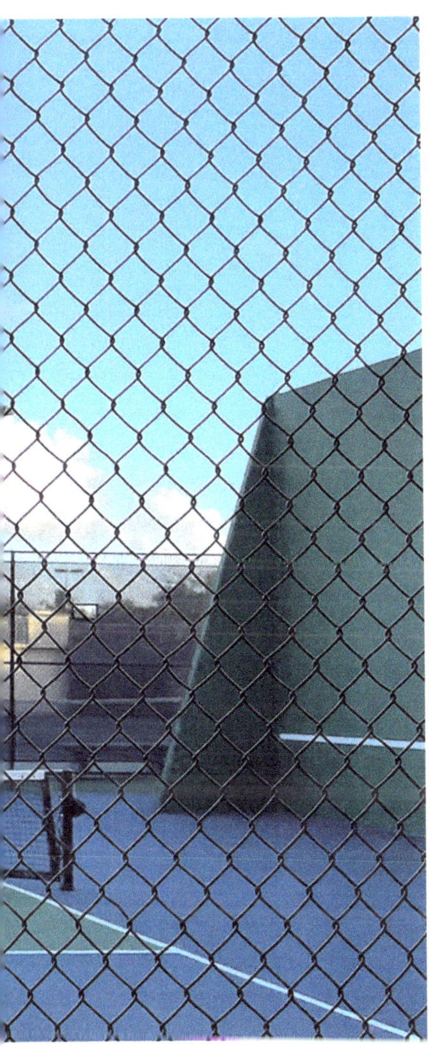

Miami,
December 2020

NO MONOPATINES ELÉCTRICOS
NI DISPOSITIVOS MOTORIZADOS

Palisades Park, California,
July 2019

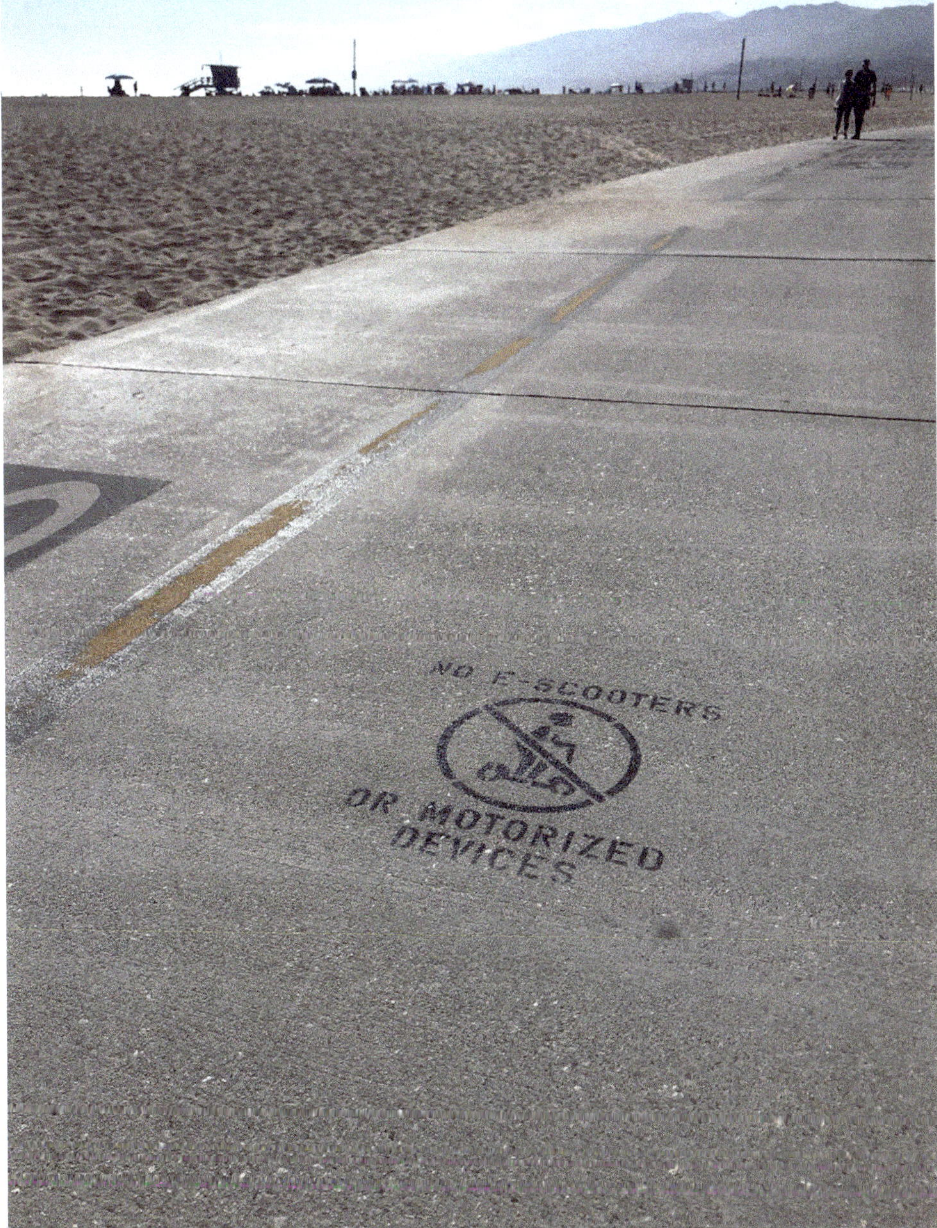
NO E-SCOOTERS
OR MOTORIZED
DEVICES

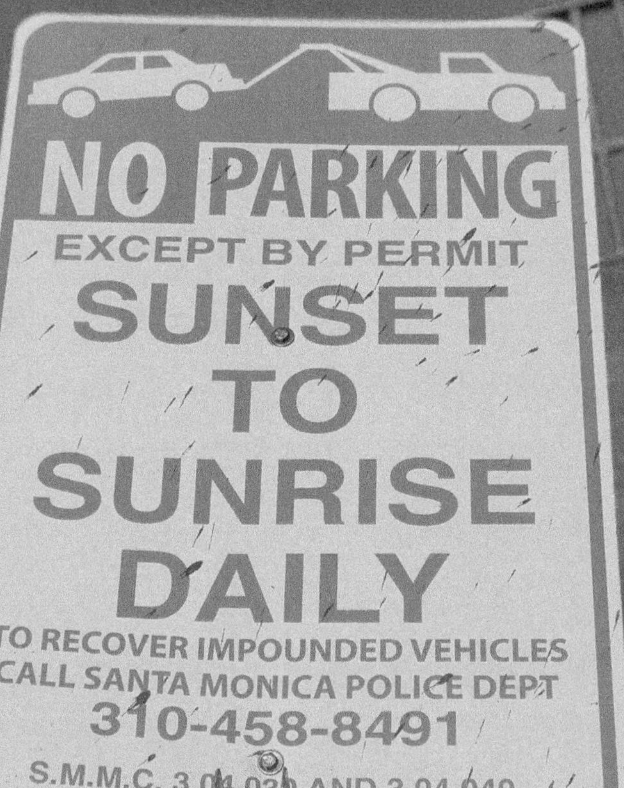
NO PARKING
EXCEPT BY PERMIT
SUNSET
TO
SUNRISE
DAILY
TO RECOVER IMPOUNDED VEHICLES
CALL SANTA MONICA POLICE DEPT
310-458-8491
S.M.M.C. 3.04.030 AND 3.04.040

NO ESTACIONAR EXCEPTO CON PERMISO DESDE LA PUESTA DE SOL AL AMANECER TODOS LOS DÍAS
Para recuperar vehículos confiscados llame al departamento de policía de Santa Mónica

Los Angeles solar time:
Winter Solstice day
Sunrise 6:54 am - Sunset 4:48 pm
Summer Solstice day
Sunrise 5:42 am - Sunset 8.07 pm

Santa Monica,
February 2018

DRONES NO PERMITIDOS

South Ring, Grand Canyon, Arizona,
November 2020

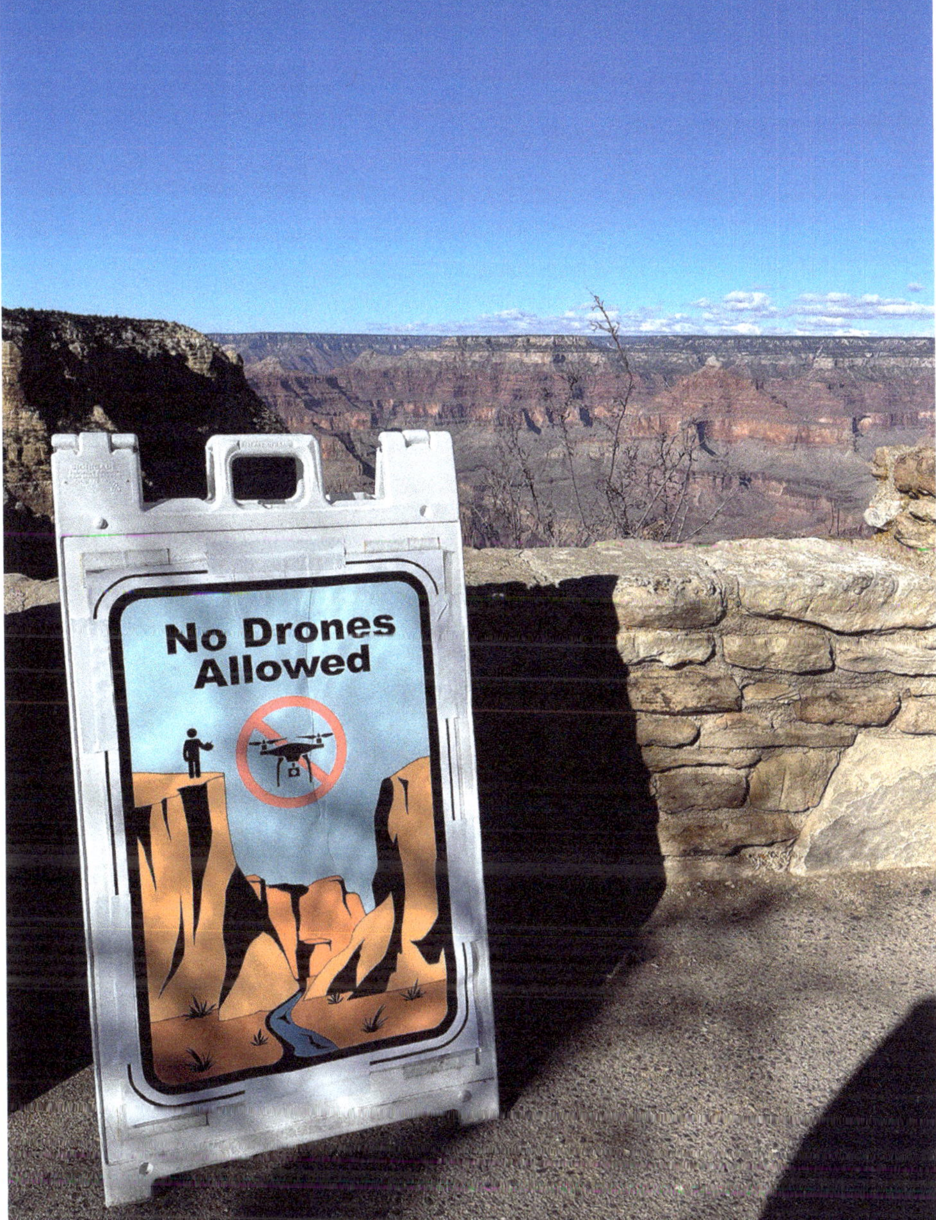
No Drones
Allowed

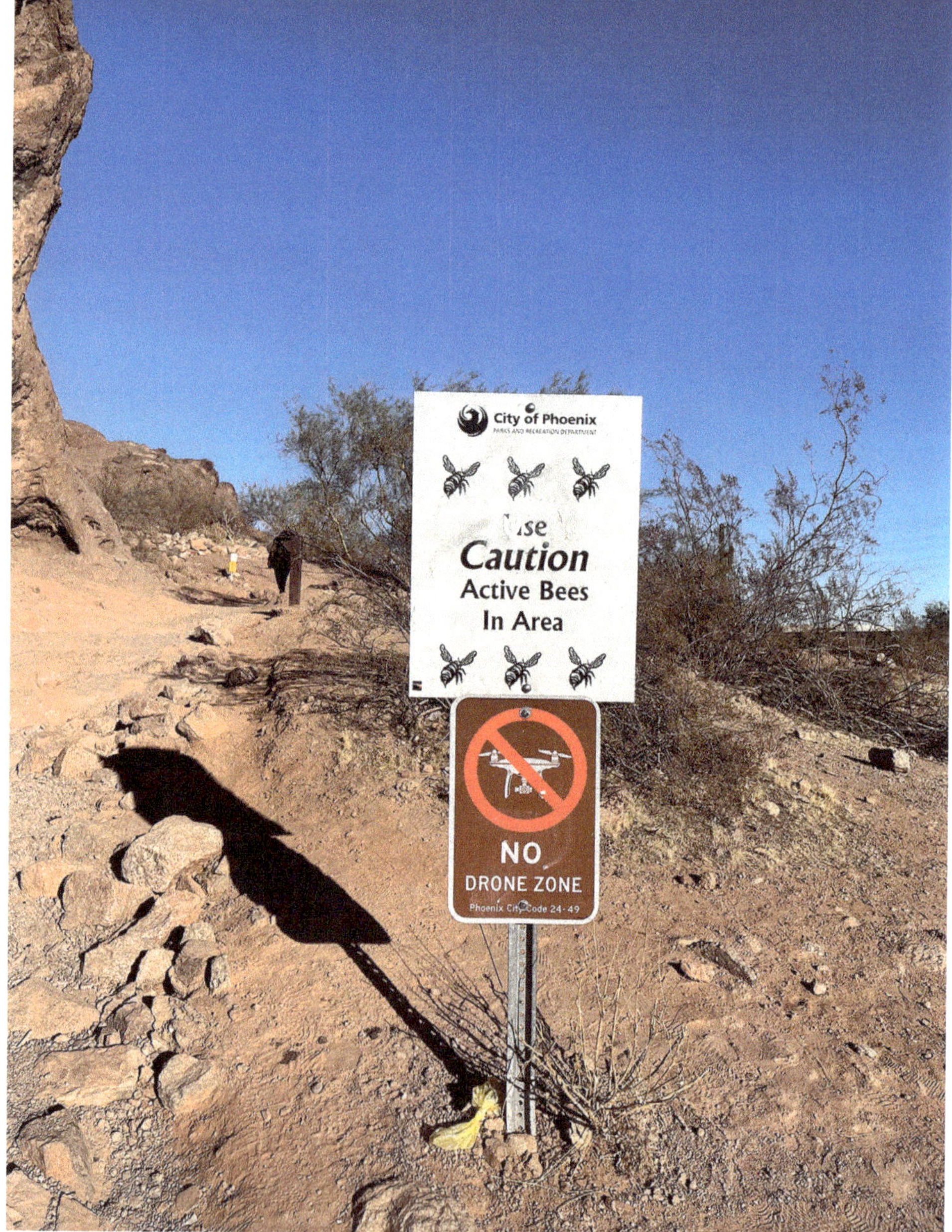
City of Phoenix
PARKS AND RECREATION DEPARTMENT
Caution
Active Bees
In Area
NO
DRONE ZONE
Phoenix City Code 24-49

Atención
abejas activas
en el área

NO ZONA DE DRONES

Phoenix, Arizona,
December 2020

AFIRMATIVAMENTE
NO ESTACIONAR
ENFRENTE DE LOS GARAJES

NO ESTACIONAR
EN NINGÚN MOMENTO

Village Green, Los Angeles,
January 2021

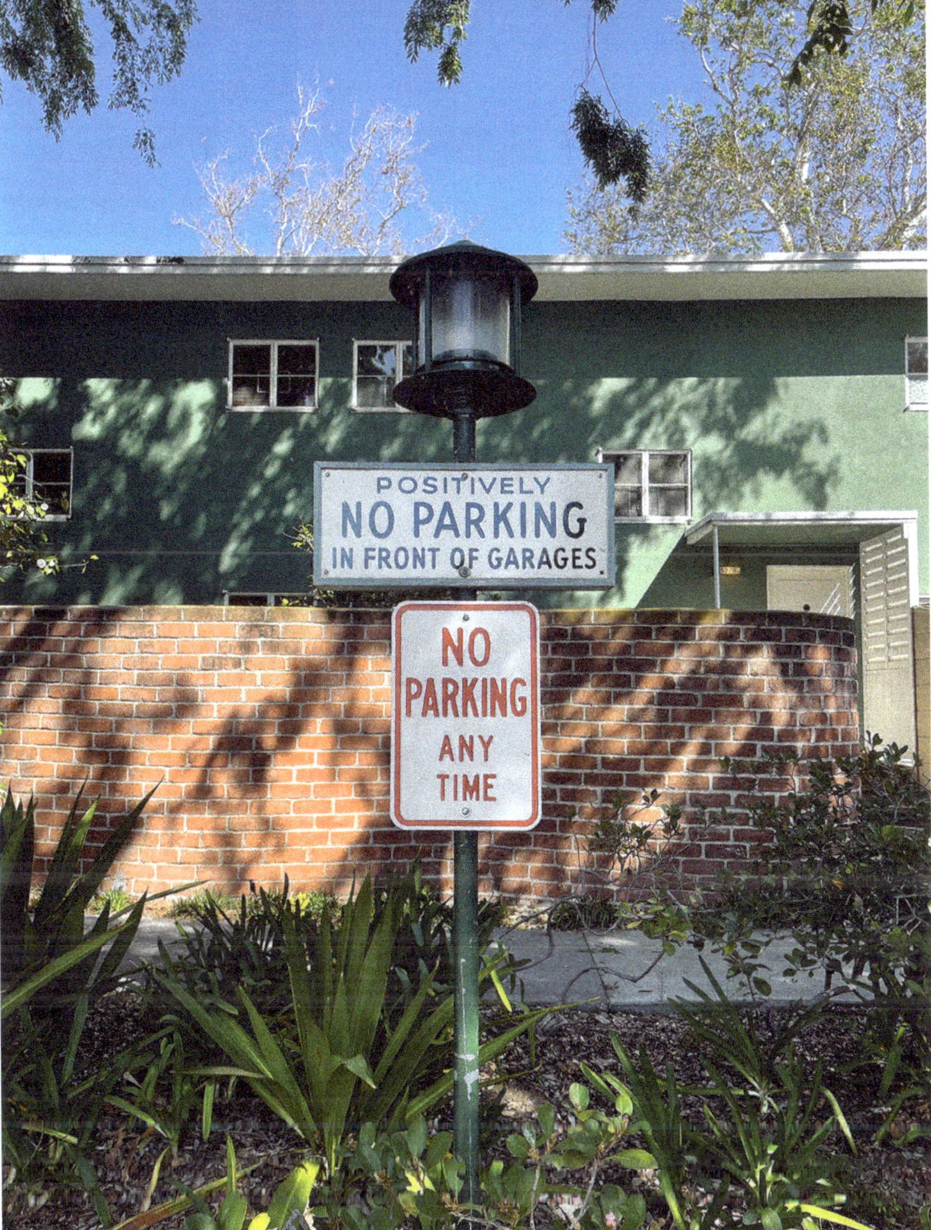
POSITIVELY
NO PARKING
IN FRONT OF GARAGES
NO
PARKING
ANY
TIME

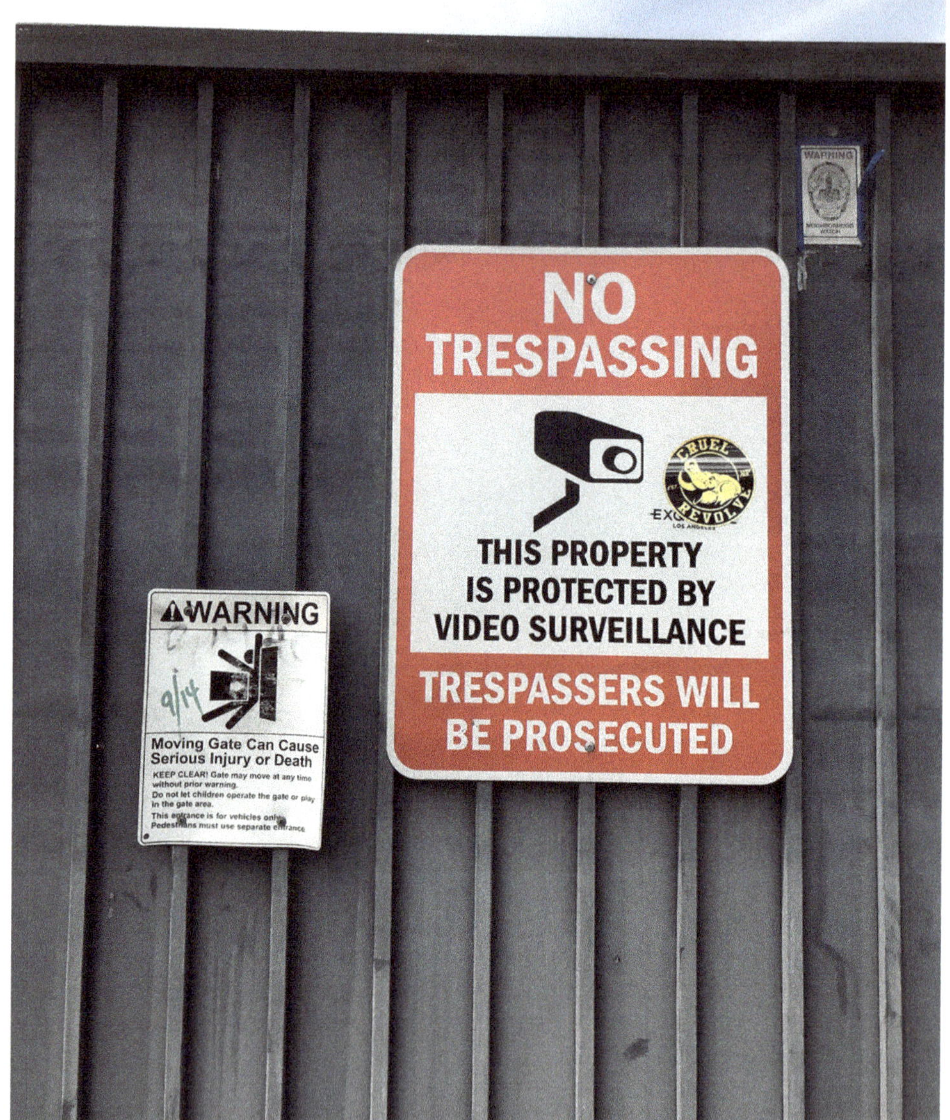

NO
TRESPASSING
THIS PROPERTY
IS PROTECTED BY
VIDEO SURVEILLANCE
TRESPASSERS WILL
BE PROSECUTED
CRUEL
REVOLVE
LOS ANGELES
WARNING
WARNING
9/14
Moving Gate Can Cause
Serious Injury or Death
KEEP CLEAR! Gate may move at any time
without prior warning.
Do not let children operate the gate or play
in the gate area.
This entrance is for vehicles only.
Pedestrians must use separate entrance.

NO INGRESE

ESTA PROPIEDAD
ESTÁ PROTEGIDA
POR VIDEO
VIGILANCIA

INFRACTORES SERÁN
LLEVADOS A JUICIO

Los Angeles Art District, California,
March 2018

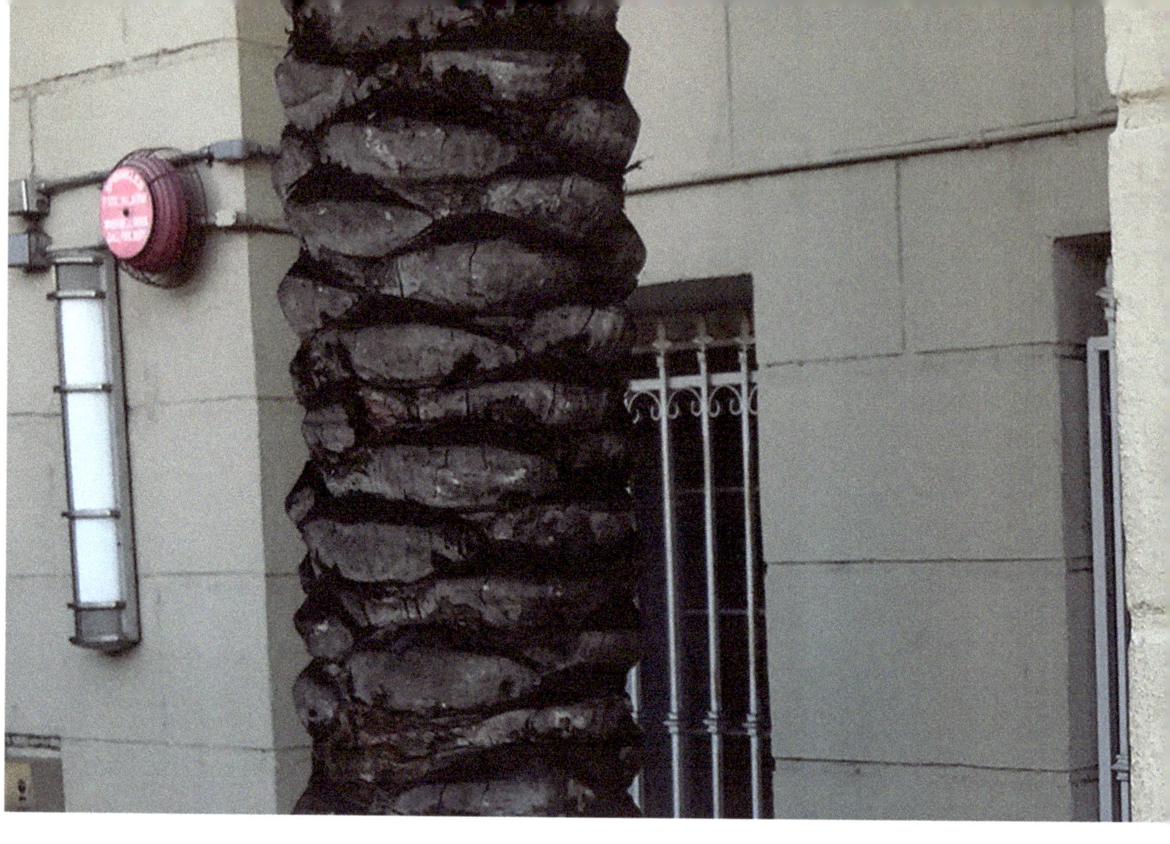

Hollywood, Los Angeles, California,
March 2018

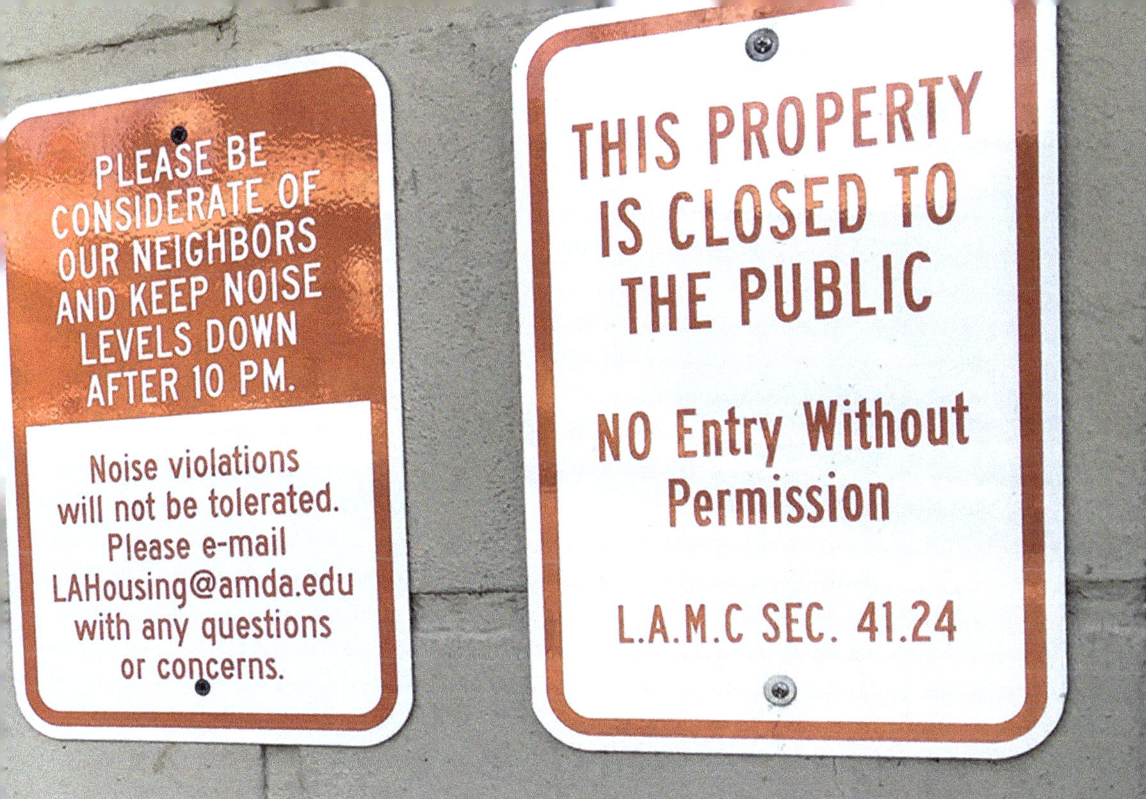

POR FAVOR SEA CONSIDERADO CON NUESTROS VECINOS Y MANTENGA LOS NIVELES DE SONIDO BAJOS DESPUÉS DE LAS 22HS
Violaciones de sonido no serán toleradas
Por favor envíe e-mail a...
con cualquier pregunta o asunto

ESTA PROPIEDAD ESTÁ CERRADA AL PÚBLICO
NO Ingrese Sin Permiso

NO SALIDA
SOLO USO DE EMERGENCIA

ESTA PUERTA ESTÁ CERRADA
POR SU SEGURIDAD

NYC, subway,
April 2018

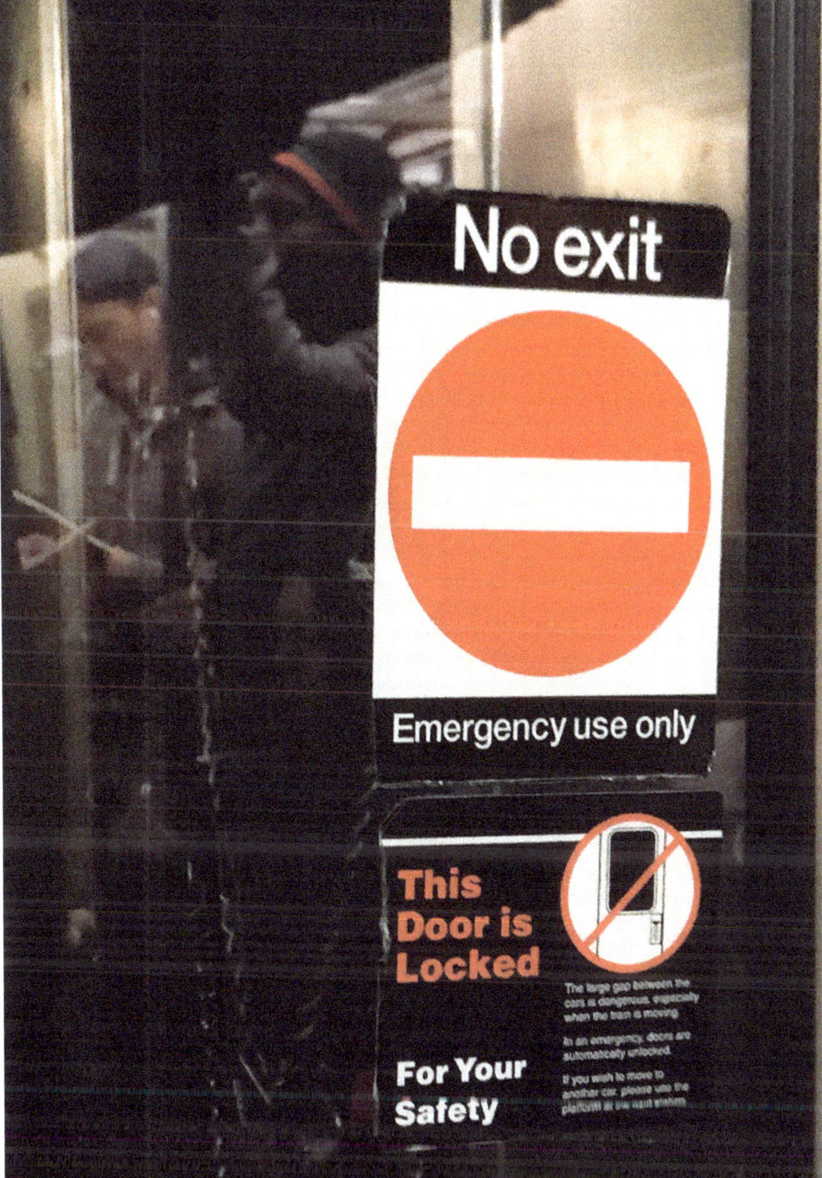
No exit
Emergency use only
This Door is Locked
For Your Safety

HOMELESS GO HOME

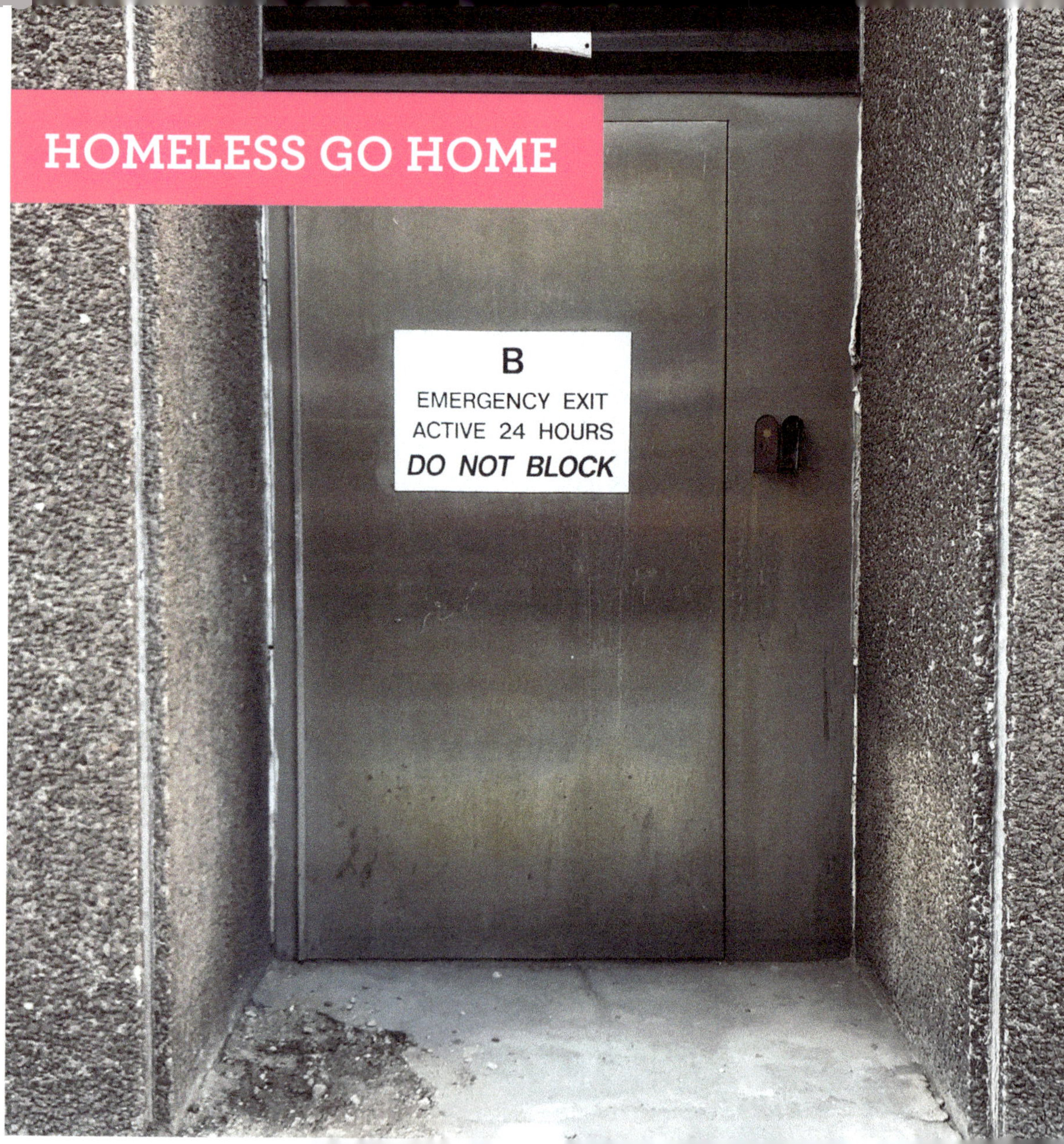

B
SALIDA DE EMERGENCIA
ACTIVA LAS 24HS
NO BLOQUEAR

Manhattan, New York,
April 2018

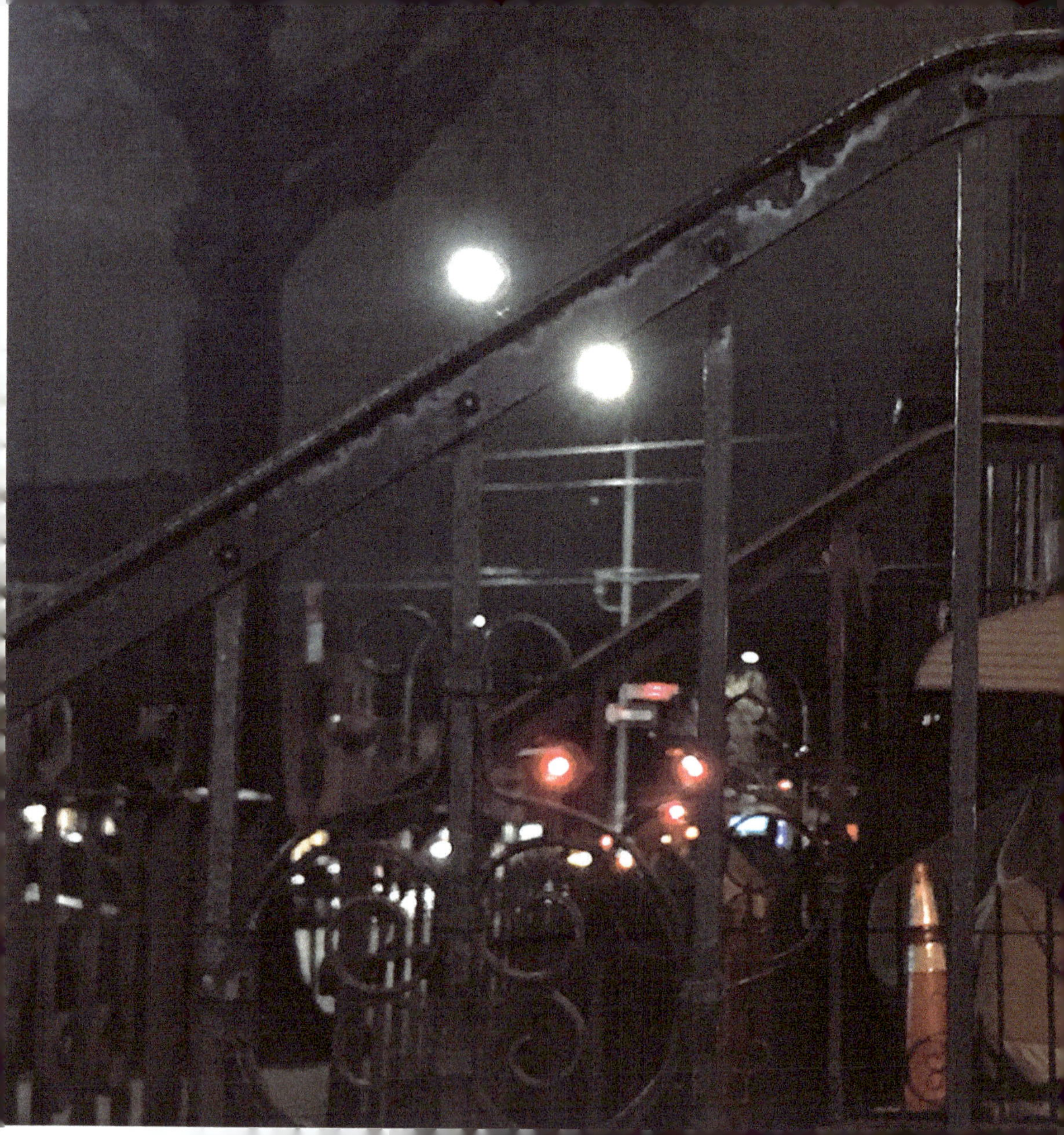

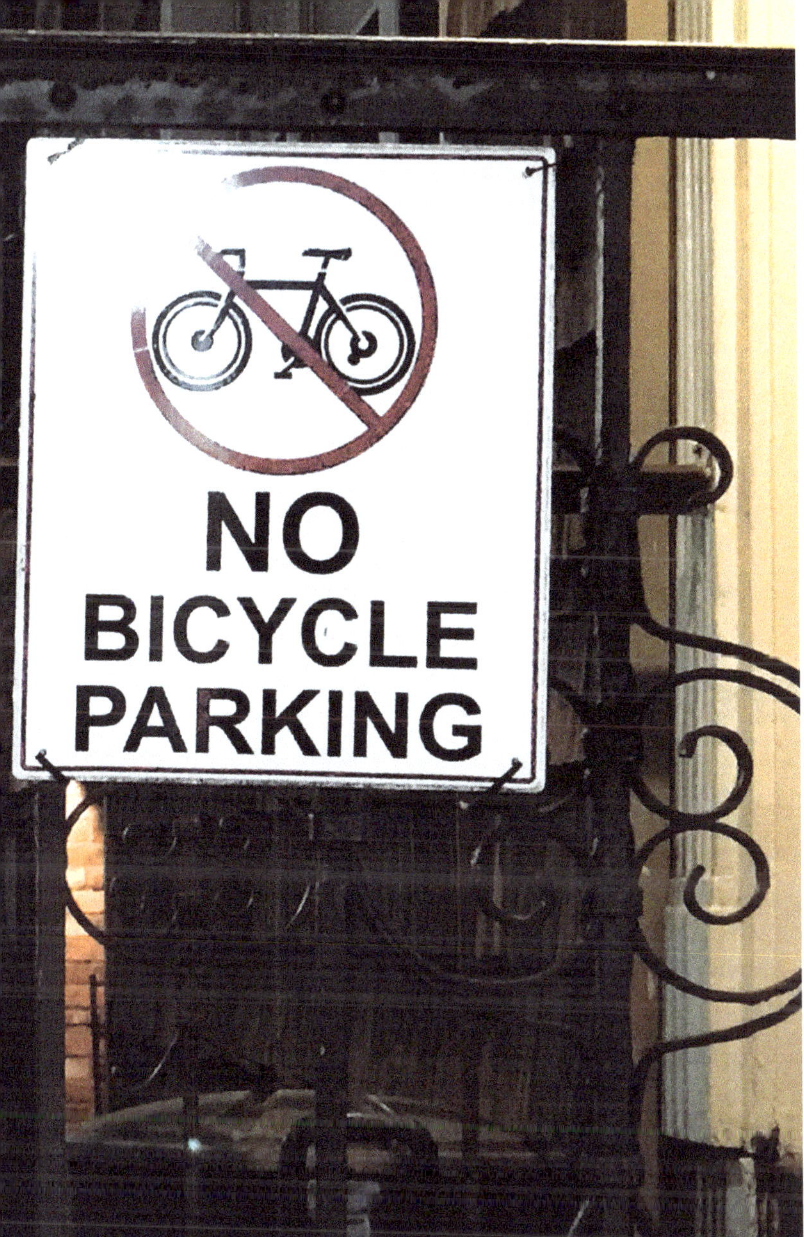

NO
ESTACIONAR
BICICLETAS

Brooklyn, NYC,
April 2018

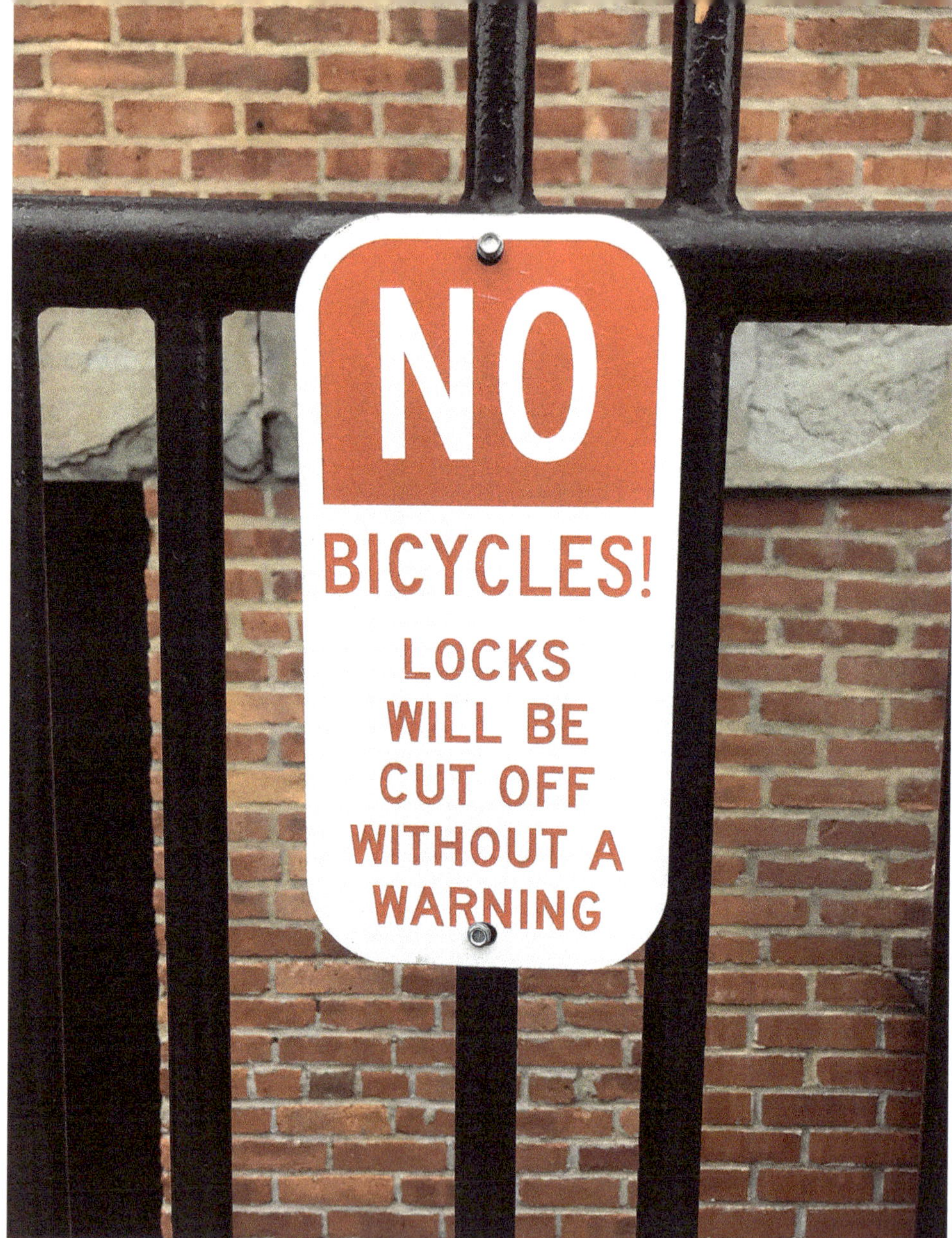
NO
BICYCLES!
LOCKS
WILL BE
CUT OFF
WITHOUT A
WARNING

**¡NO BICICLETAS!
CANDADOS
SERÁN
REMOVIDOS SIN
ADVERTENCIA**

Greenpoint, NYC,
April 2018

NO CANDADOS
PERMITIDOS
VALLA TEMPORAL

San Antonio, Texas,
December 2020

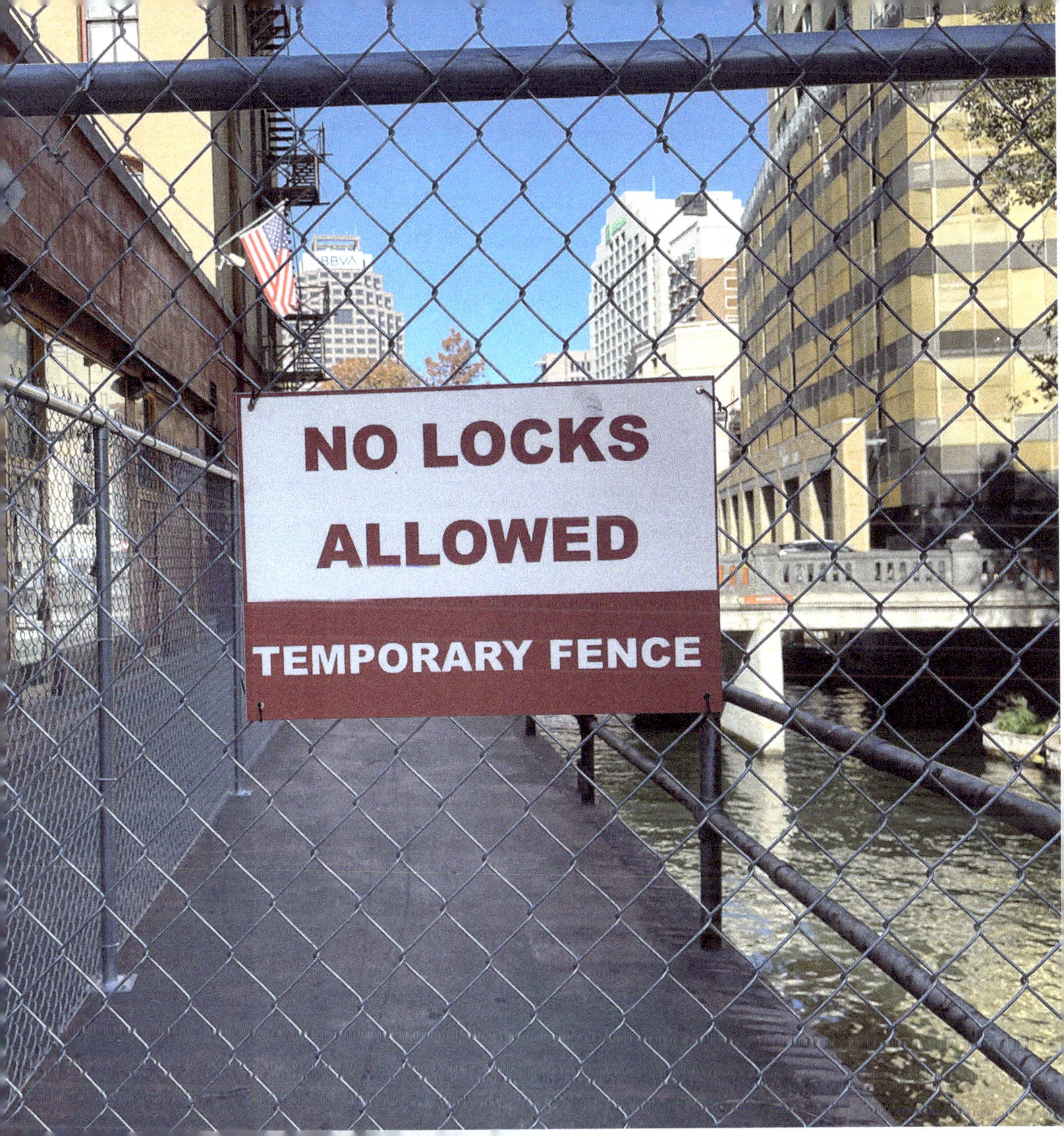
BBVA
NO LOCKS
ALLOWED
TEMPORARY FENCE

TO BE OR NOT TO BE...

Barrio residencial

NO
ESTACIONAMIENTO
DEL TEATRO

Culver City, California,
July 2019

BODY
CUERPO

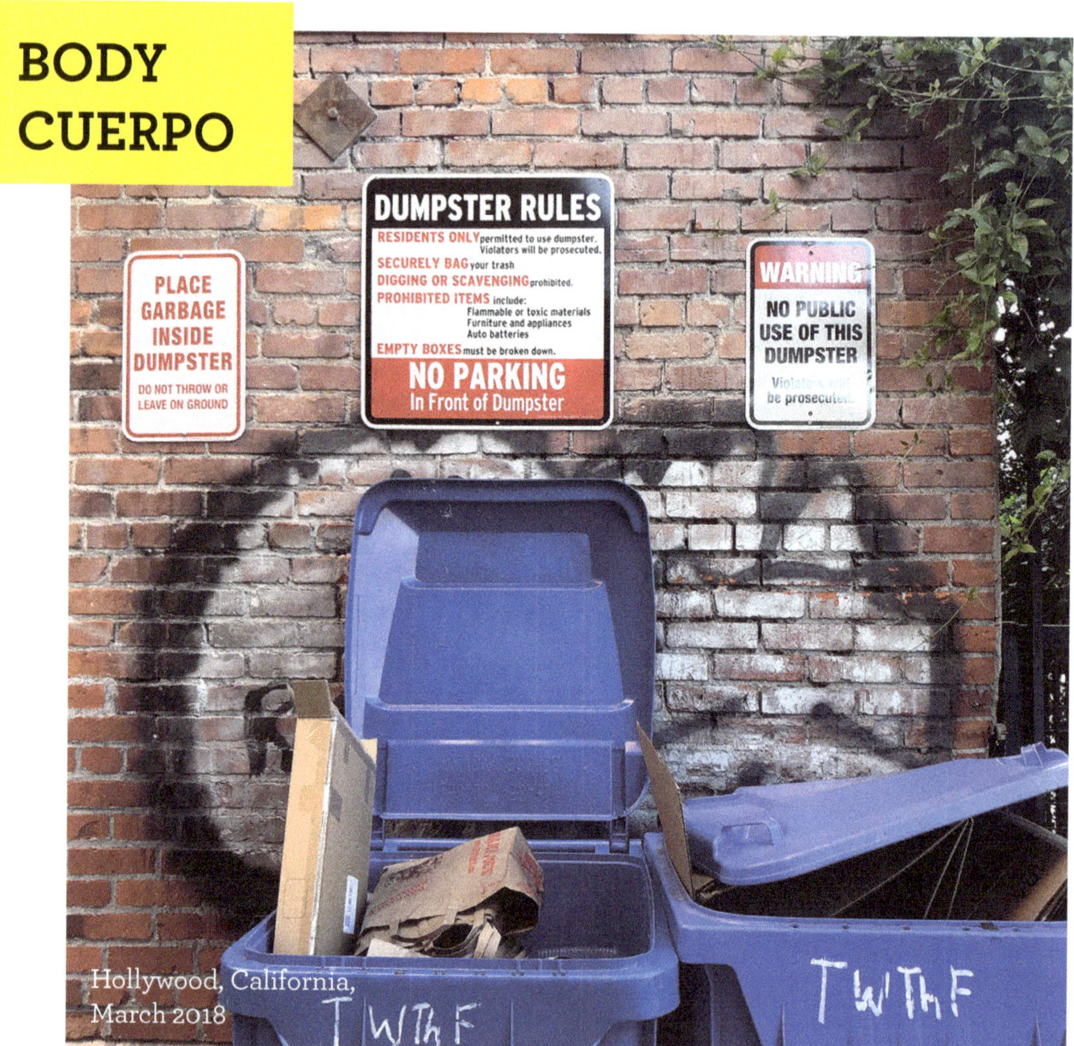

Hollywood, California,
March 2018

The body is everywhere, even though it is not directly named.
Where it is found, it is as something active, alive, energetic which requires restriction –no skating, no loitering, no swimming, no crowd surfing, etcetera.
It is also found as something that causes effects beyond its own physical limits.
Bodies take up space: the sun shines on the nothing new.
Nevertheless, the way they do so is always new.
That something that expands beyond its own limits –smell, trash, shit, waste– became an object of domestication in the sixteenth century: schedules for garbage disposal, places to amass human excrement, modes of transportation to carry shit out of the city limits, waste fee.
Human waste happened.
For us, the bourgeois, home and trash are not a nice combination.
We throw our trash away into dumpsters, outside our homes. But those dumpsters are not really outside our houses, they are *the outside* of the house.
In that sense, it is kind of funny to read how those signs mark the property of that frontier.
This dumpster was made only for *my* shit!
No foreign shit allowed in this area!
We don't feel uncomfortable about our own shit if it remains in the outside of our house for a while. We feel the pain –legal, moral pain– when it comes to foreign shit, though: then the porosity, stink, pus comes to light. It works as a metonymy of *the other*, as the remains that represent that which is alien, the effects of an alien habit, a practice that becomes unbearable as it steps into the frontiers –or should we say borders?– of our house, the place where our own shit lives.
Furthermore, the mere idea that someone could pick up one's shit hurts our eyes. It is not a question of what, but who.

El cuerpo aparece por todos lados, aunque no se lo nombre directamente.
Lo encontramos como algo activo a lo que se le deben poner restricciones -no andar en skate, no holgazanear, no beber durante el embarazo, no hacer pogo, etc.-, y también como algo que se extiende por fuera de sus propios límites.
Los cuerpos ocupan espacios: eso no es una novedad.
Pero sí es novedosa la manera en la que lo hacen.
Aquello que se extiende por fuera de sus propios límites –el olor, la basura, el desperdicio– comenzó a ser objeto de domesticación en el siglo XVI.
En ese momento aparecieron por primera vez horarios para sacar a la calle los desperdicios, espacios para amontonarlos, carros para llevarlos fuera de las murallas de la ciudad, y multas para los infractores.
El siglo XVI vio aparecer la basura como algo privado de lo que uno debía hacerse cargo.
La casa y el desperdicio no son una buena combinación, para nosotros, los burgueses.
Los tachos de la basura no están en el exterior de la casa ni son ajenos a ella.
Los tachos de basura son el exterior de la casa, pertenecen a la casa: el tacho de basura y la mierda son propiedad privada. Sin embargo, no deja de ser curioso ver esos carteles que marcan la propiedad de esa frontera. No cualquiera puede meter allí su mierda, de la misma manera que no cualquiera puede meterse en una casa.
No nos sentimos incómodos con nuestros desperdicios si están un rato en el exterior de nuestras casas. Nos sentimos heridos –judicial y moralmente heridos– con los desperdicios ajenos: aparece la porosidad, la obturación, el hedor, el tapón. Invade la metonimia del *otro,* el resto que lo representa, el efecto de una costumbre, de una práctica que se vuelve insoportable por ajena, por transitar la frontera de nuestra casa, donde habita nuestra propia mierda.
También nos hiere la vista que ese espacio sea hurgado. No por lo que se encuentre, sino por el que hurga.

REGLAS DE TACHOS

Sólo residentes autorizados
a utilizar estos tachos
Infractores serán
llevados a juicio

Asegure las bolsas
de su basura

Excavar o hurgar prohibido
Objetos prohibidos incluyen
elementos inflamables o tóxicos
muebles y electrodomésticos
Baterías de coche

Cajas vacías deben desarmarse

NO ESTACIONAR
Frente a los Tachos

COLOCAR LA
BASURA DENTRO
DE LOS TACHOS

ADVERTENCIA
NO USO PÚBLICO
DE ESTOS TACHOS
Infractores serán
llevados a juicio

Los Angeles, California,
August 2019

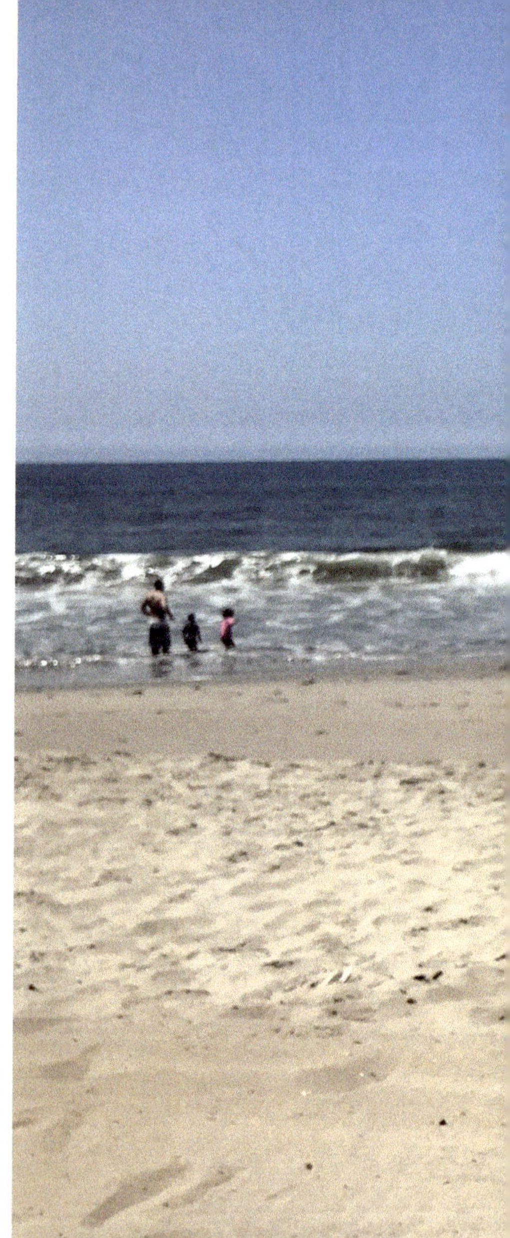

NO SWIMMING
NO NADAR

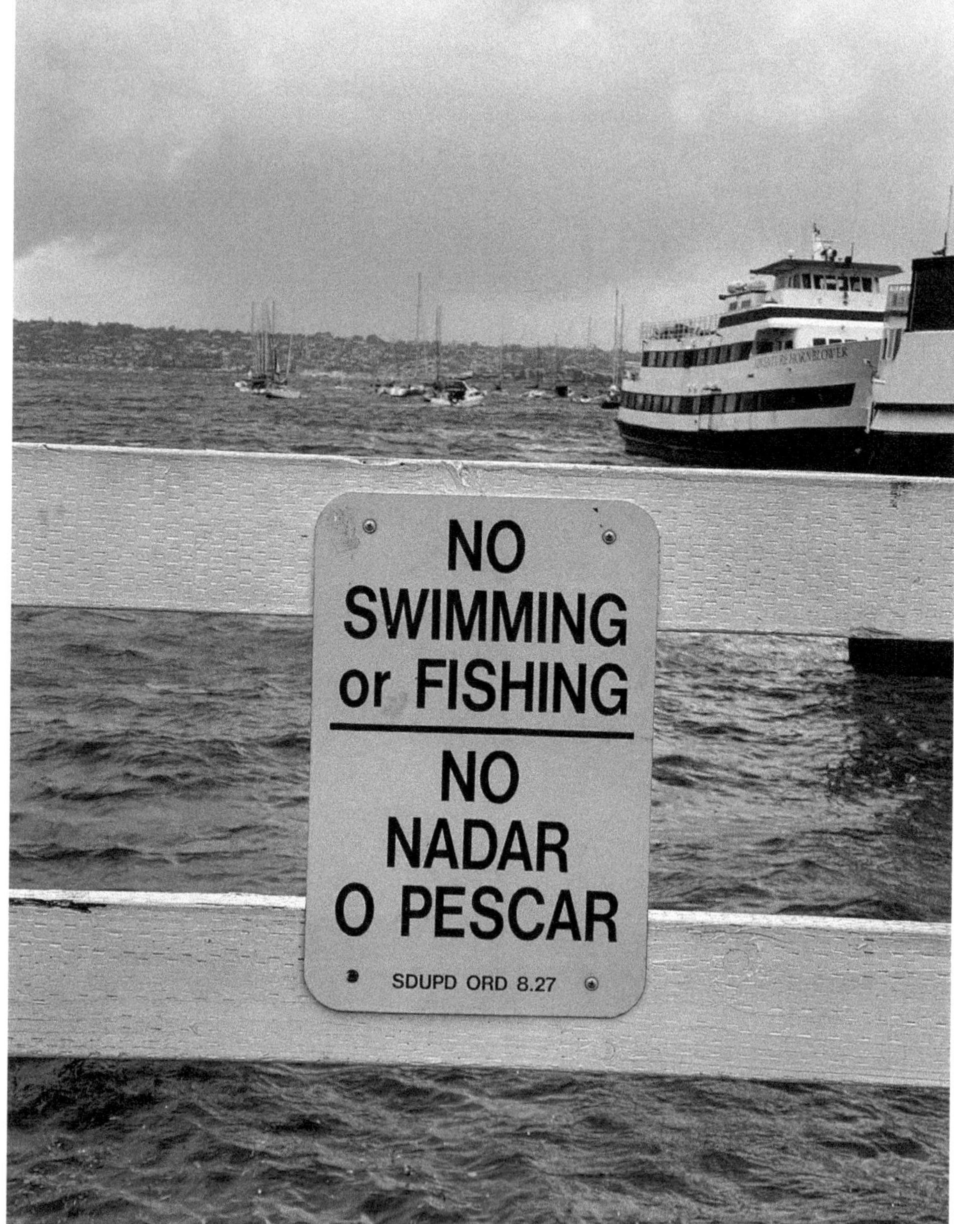
NO
SWIMMING
or FISHING
NO
NADAR
O PESCAR
SDUPD ORD 8.27

San Diego, California,
January 2021

REGLAS PISCINA

NO ZAMBULLIRSE
PERMITIDO

El Paso, Texas,
January 2021

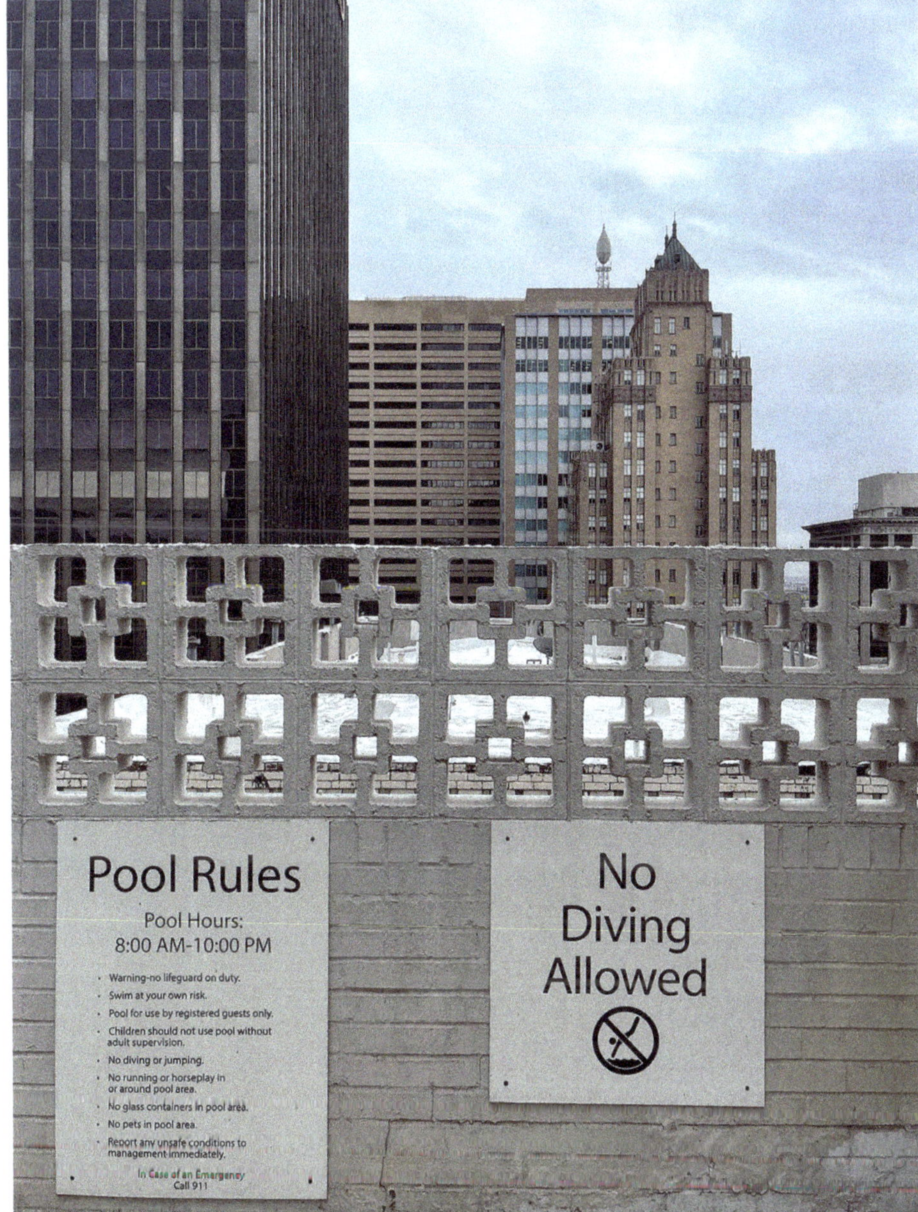
Pool Rules
Pool Hours:
8:00 AM-10:00 PM
• Warning-no lifeguard on duty.
• Swim at your own risk.
• Pool for use by registered guests only.
• Children should not use pool without adult supervision.
• No diving or jumping.
• No running or horseplay in or around pool area.
• No glass containers in pool area.
• No pets in pool area.
• Report any unsafe conditions to management immediately.
In Case of an Emergency
Call 911
No
Diving
Allowed

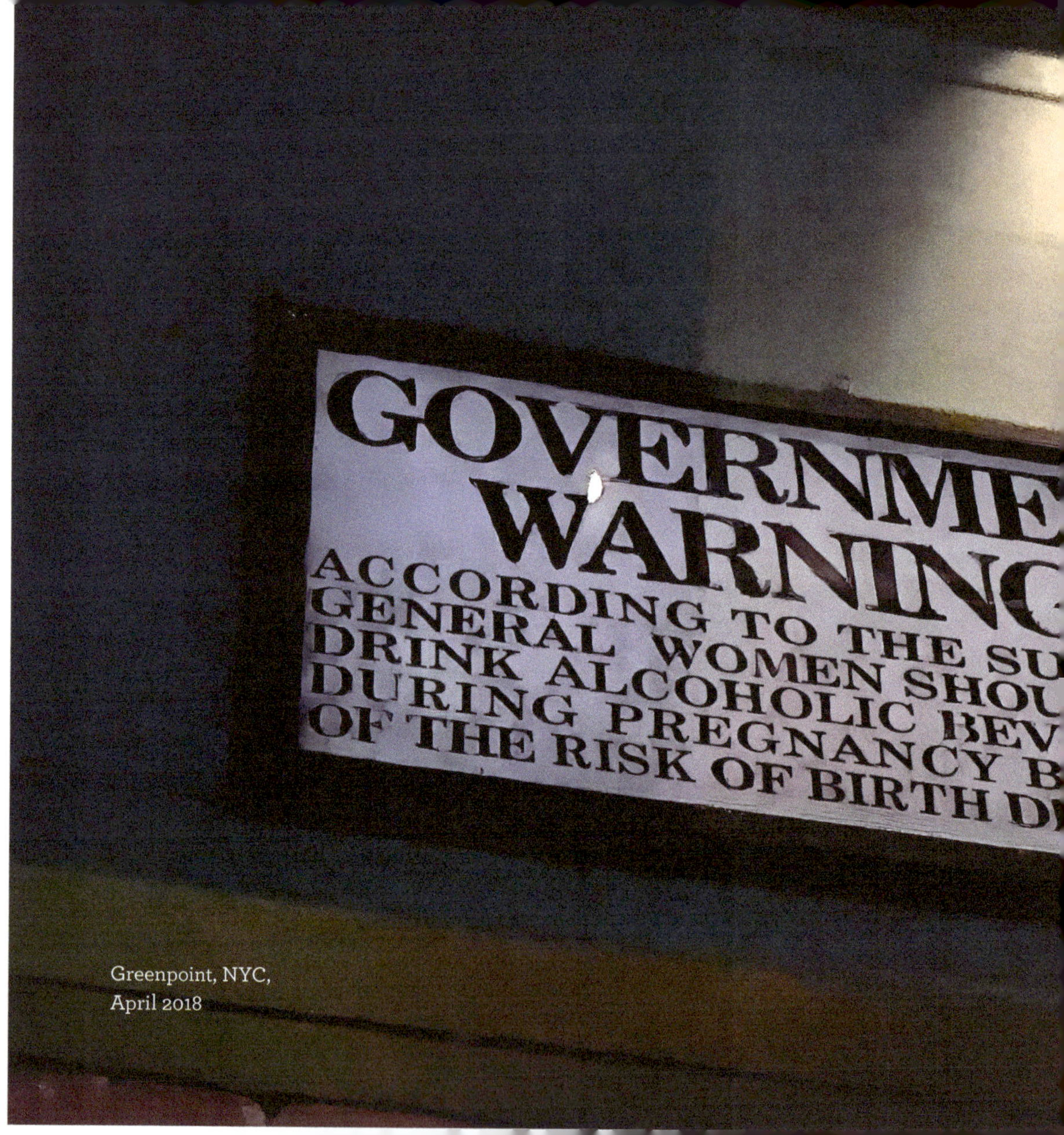

Greenpoint, NYC,
April 2018

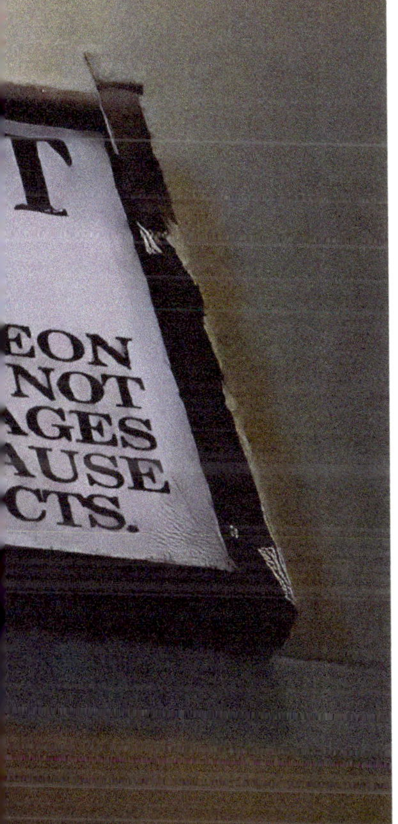

The surgeon leaned over the body, and raised the left hand. "The old story," he said, shaking his head: "no wedding-ring, I see. Ah! Good-night!"
Oliver Twist

"El cirujano se inclinó sobre el cadáver, y alzando la mano izquierda de la difunta, murmuró encogiéndose de hombros:
-Siempre la misma historia; no era casada... Vamos, buenas tardes."
Oliver Twist

ADVERTENCIA DEL GOBIERNO
De acuerdo al Cirujano General*
las mujeres no deberían beber bebidas alcohólicas durante el embarazo por riesgo a malformaciones de nacimiento

*Es un cargo militar creado en 1798 y designado por el Presidente de EEUU.
Según el Departamento de Salud de EEUU,
el Cirujano General es el Doctor de la Nación y su misión es proveer a los ciudadanos
con la mejor información científica disponible sobre cómo mejorar su salud y reducir
el riesgo de enfermedades y lesiones.

NO NO NO SI SI
NO DEJE NIÑOS DESATENDIDOS
SIEMPRE UTILICE CINTURONES DE SEGURIDAD

Culver City, California,
February 2019

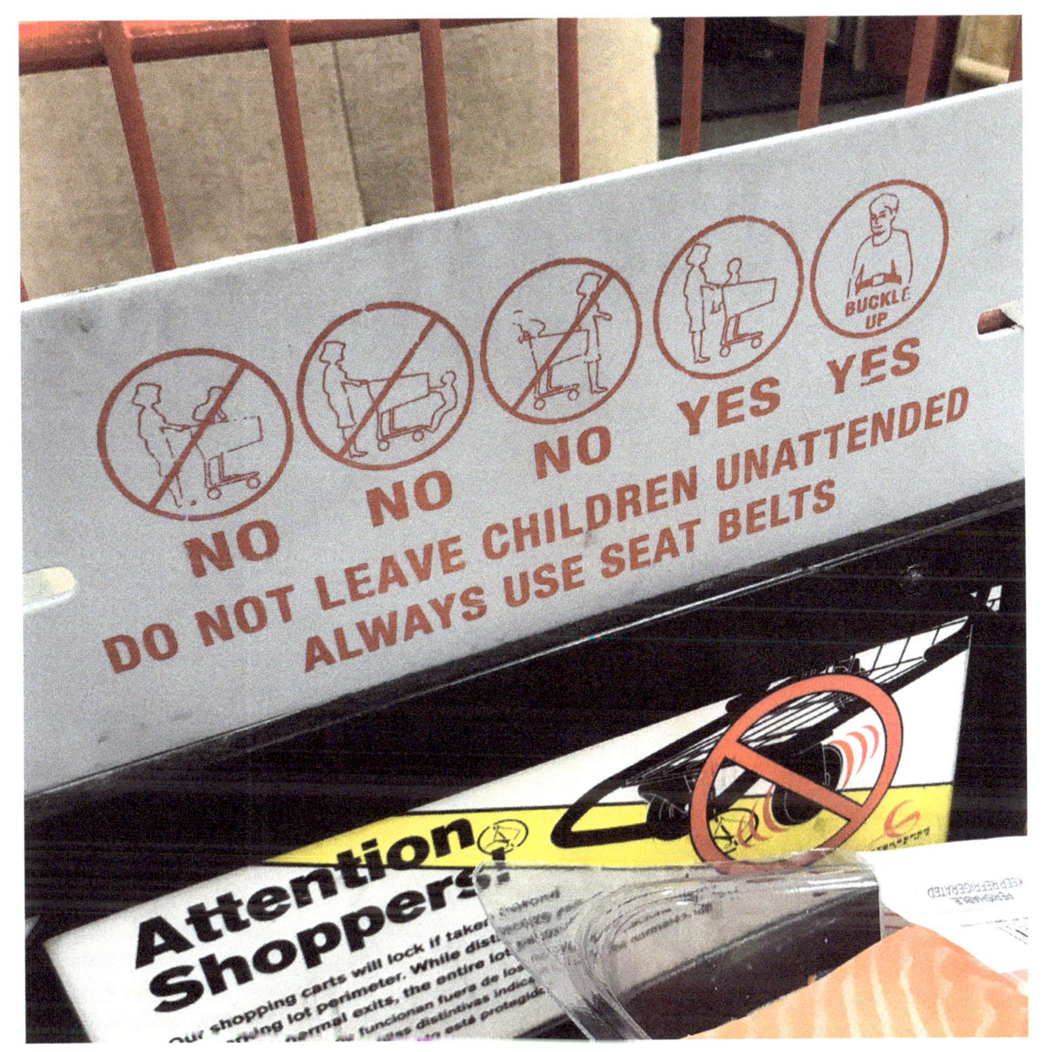
BUCKLE UP
NO
NO
NO
YES
YES
DO NOT LEAVE CHILDREN UNATTENDED
ALWAYS USE SEAT BELTS
Attention Shoppers!
Our shopping carts will lock if

ANDAR O MOVERSE ENTRE VAGONES ESTÁ PROHIBIDO
Excepto que haya una emergencia, o indicado por policía o personal del tren

NO APOYARSE EN PUERTA

NYC subway,
April 2018

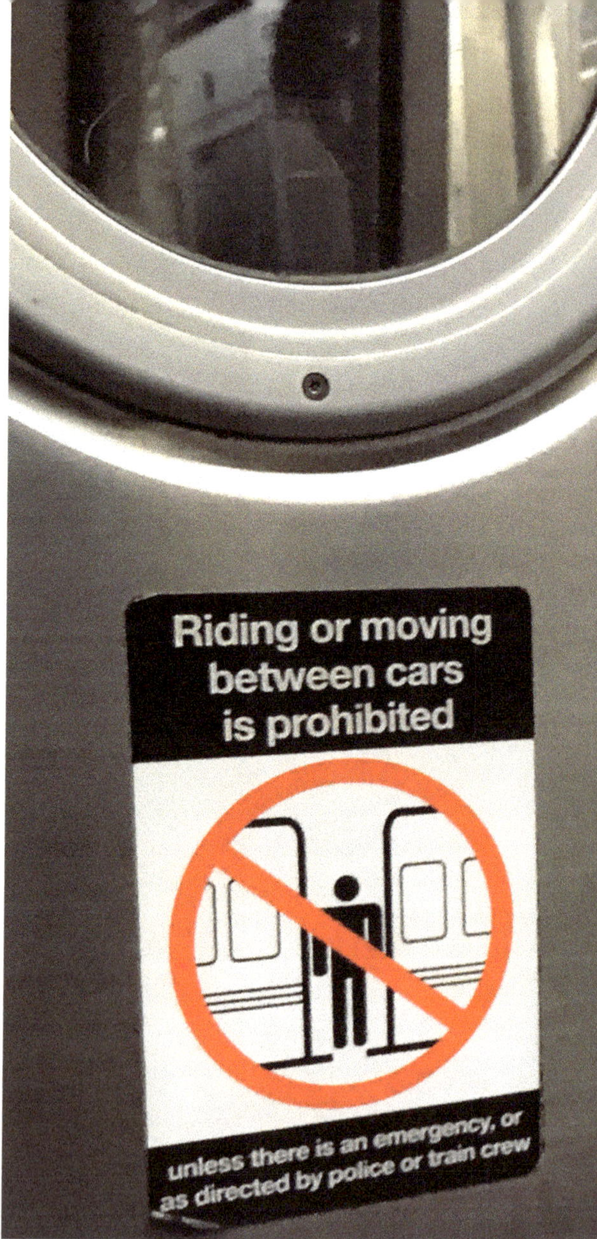

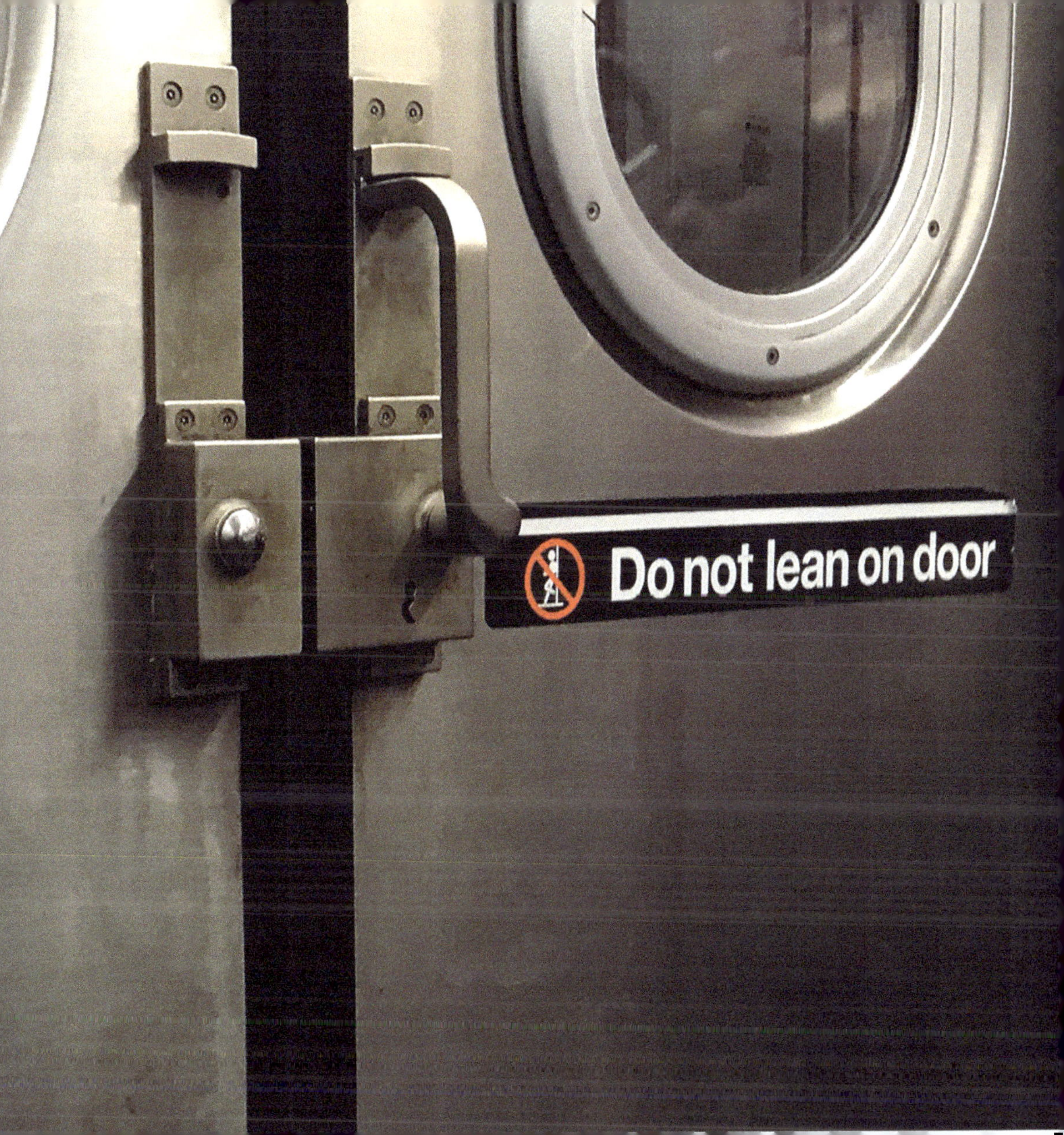
Do not lean on door

10:00
RITUALS OF MINE
11:00
Y LA BAMBA
ENTRANCE
NO
CROWD SURFING
NO
STAGE DIVING
YOU WILL BE ASKED TO LEAVE

ENTRADA

NO
SURFEAR
SOBRE EL PÚBLICO

NO
BUCEAR DESDE
EL ESCENARIO

SE LE SOLICITARÁ QUE SE RETIRE

Echo Park, Los Angeles, California,
July 2019

NO FUMAR
Usted debe estar a 4,5 mts de cualquier entrada de edificio para fumar

San Francisco, California,
August 2019

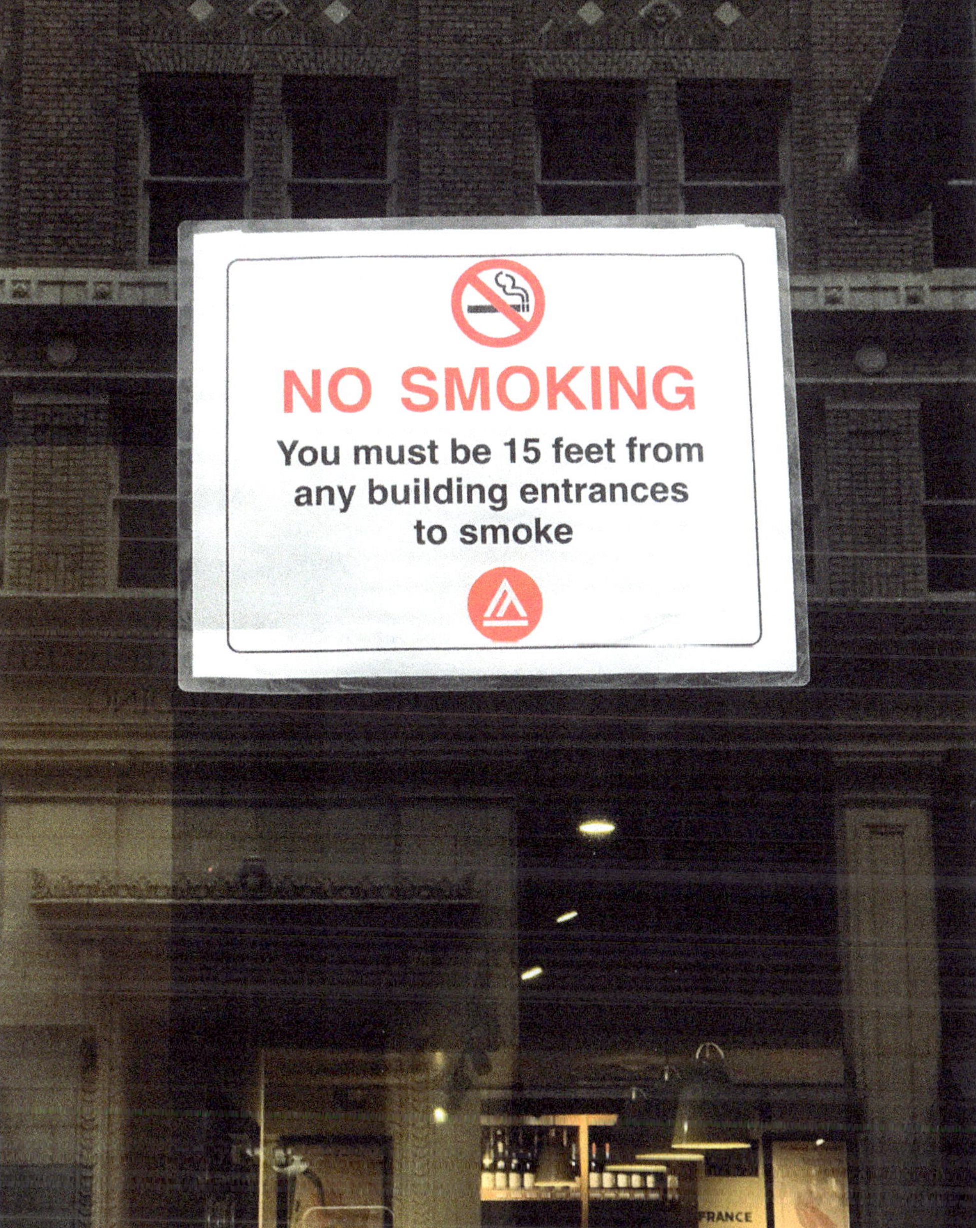
NO SMOKING
You must be 15 feet from
any building entrances
to smoke
FRANCE

GREETINGS FROM THE PLAGUE YEAR I

PARA LLEVAR ENTRADA
SOLAMENTE
Por favor vea al anfitrión detrás para
asientos adentro y afuera
CENA

NO CUBREBOCA
NO SERVICIO

Savannah, Georgia,
January 2021

NO CUBREBOCA
NO SERVICIO

New Orleans, Louisiana,
December 2020

GREETINGS FROM THE PLAGUE YEAR II

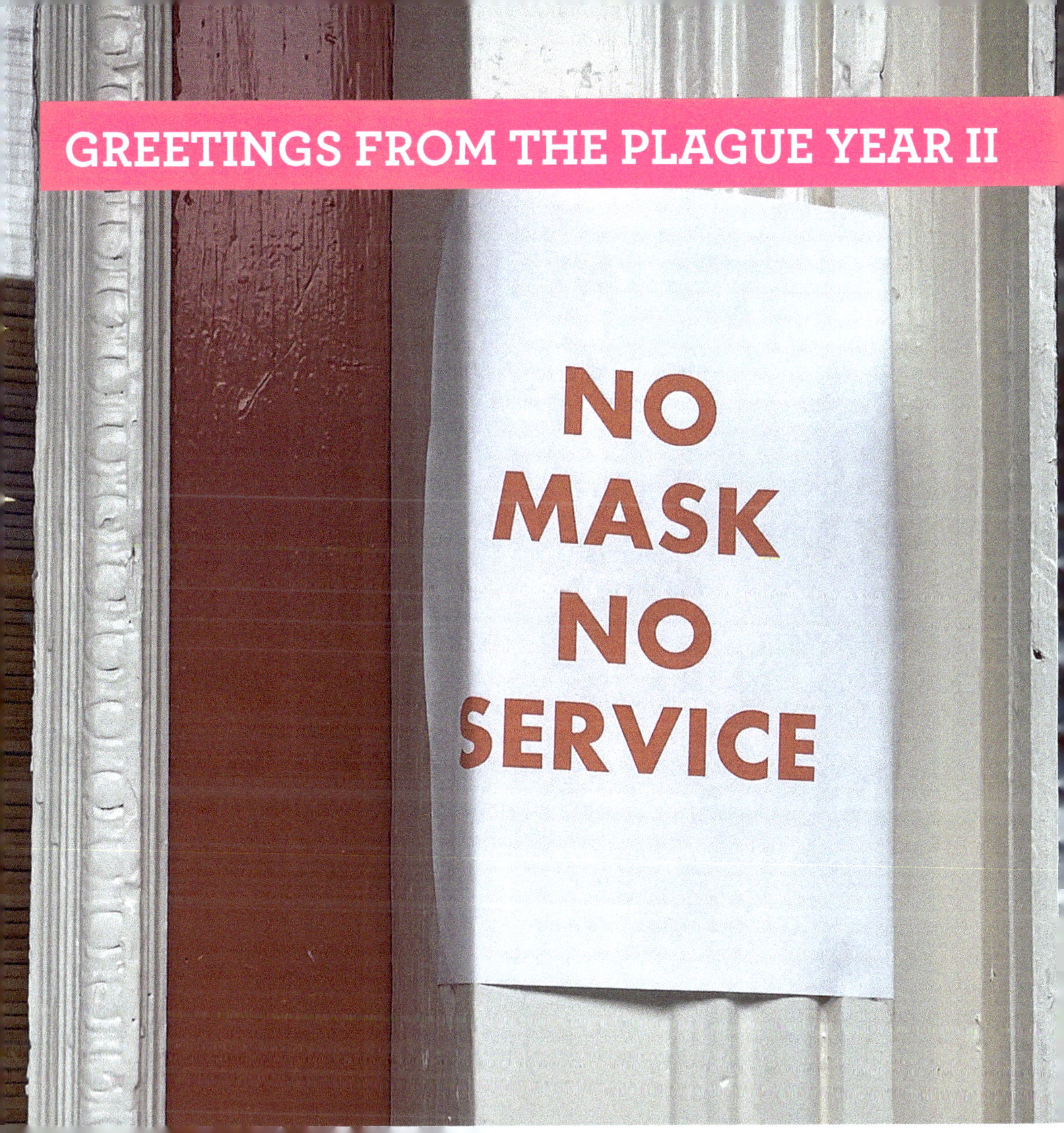

NO
MASK
NO
SERVICE

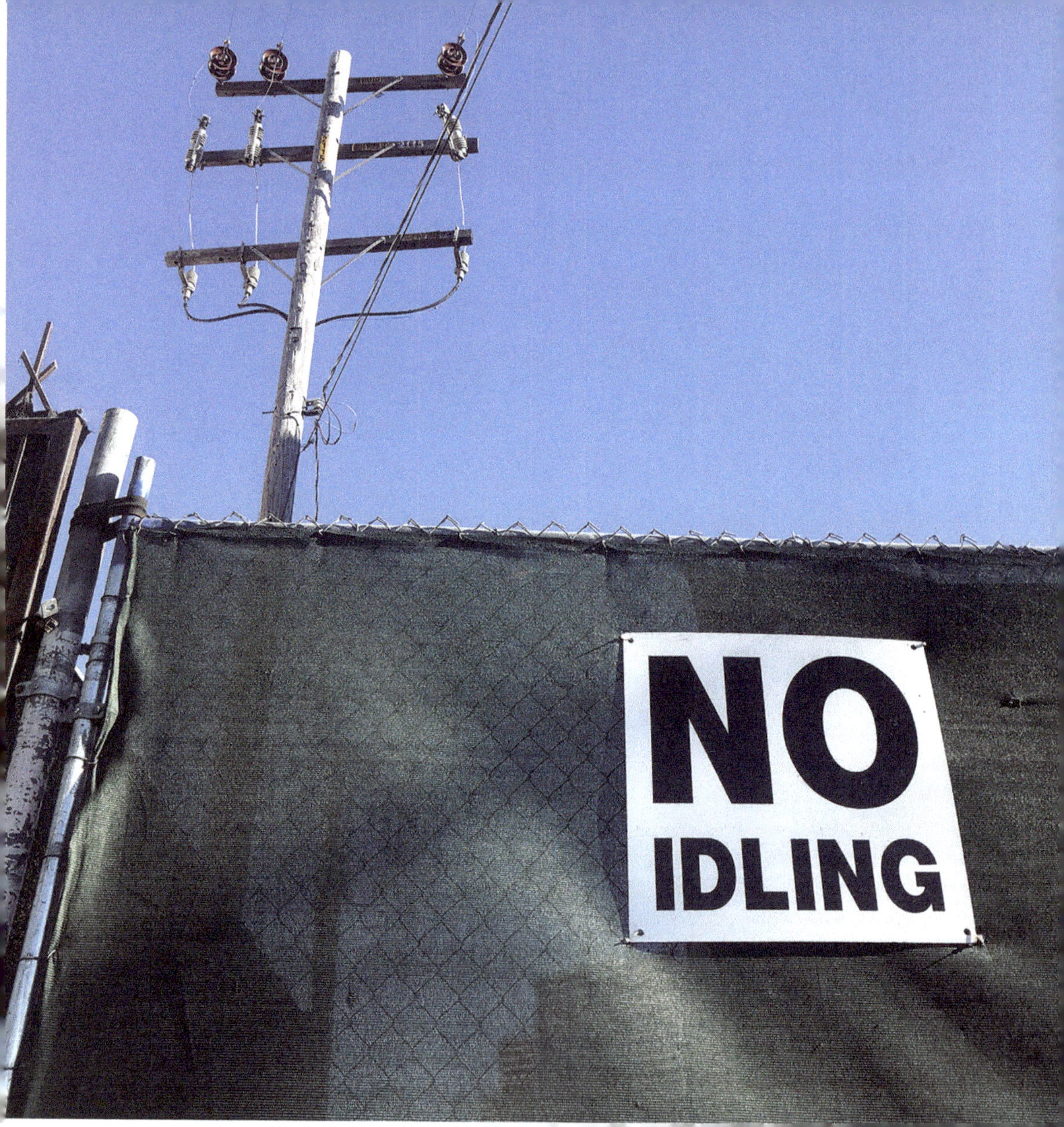
NO
IDLING

TIME & FEAR
TIEMPO Y MIEDO

NO
HARAGANEAR

San Francisco,
August 2019

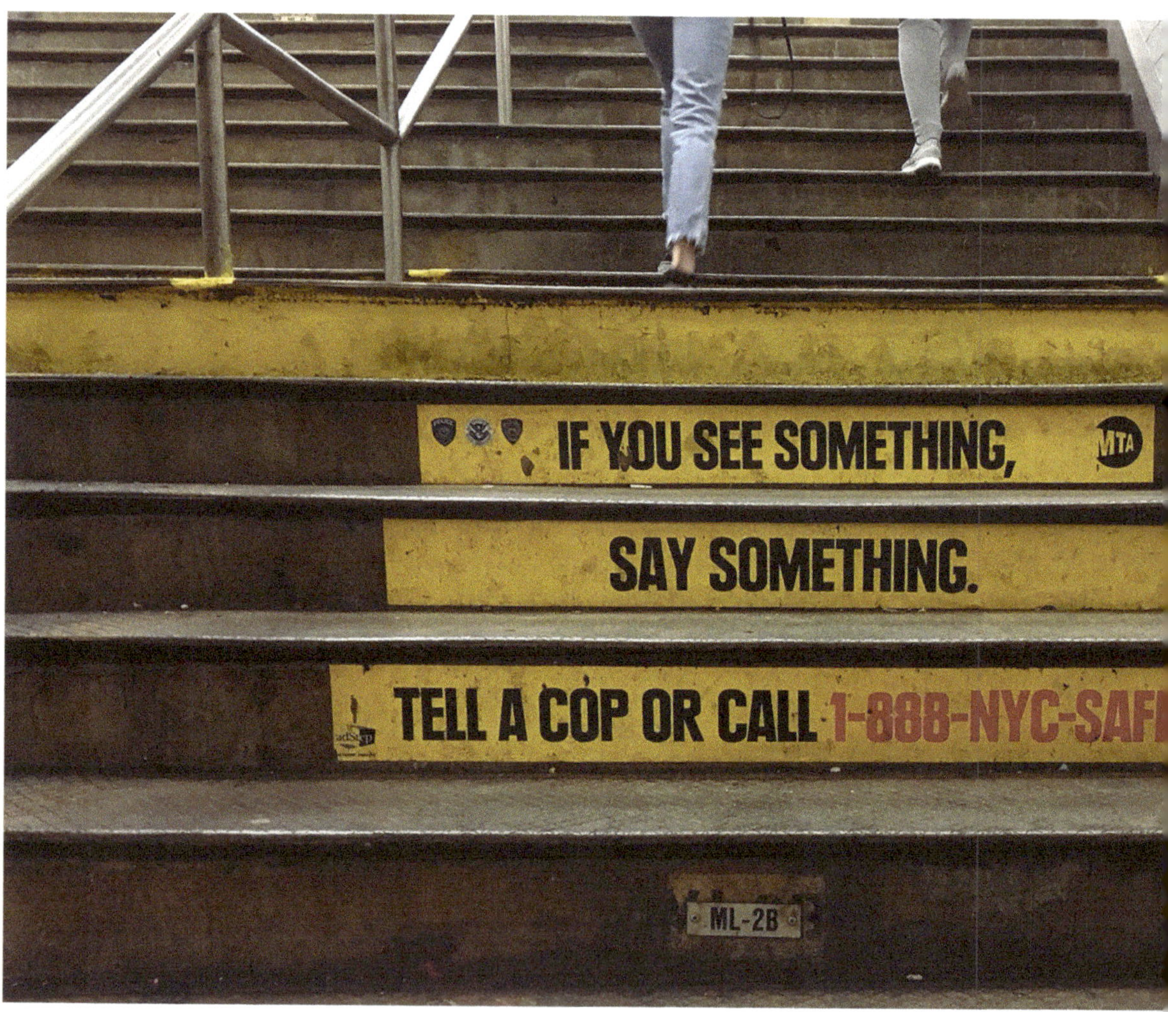
IF YOU SEE SOMETHING,
MTA
SAY SOMETHING.
TELL A COP OR CALL 1-888-NYC-SAF
ML-2B

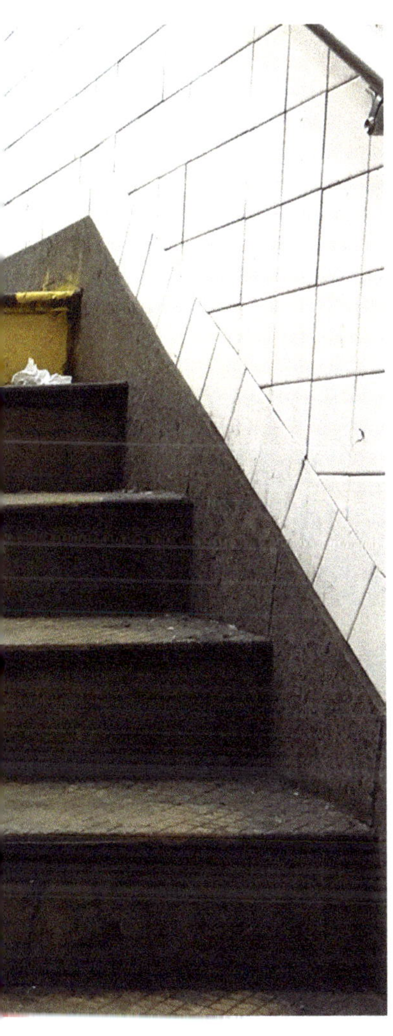

**SI USTED VE ALGO
DIGA ALGO
CUÉNTELE A UN POLICÍA O LLAME
AL 1-800-NYC-SEGURA**

New York City,
January 2018

Refined Techniques of Denunciation;
or A Polite Invitation to Piss Against the Wind.

What is the “something” that fills the first glass?
The efficiency of that first “something” lodges itself in its historical radicalization, in its power to read history-time and to gently house change in the fact that it is the echo of a tedious repetition but also a fleeting novelty.
In other words, that first “something” detects and houses the paranoia of a time in history.
That first “something” is not creative at all. Nevertheless, it allows for and promotes creativity. It is like a patron of the arts.
The second “something” is closer to the telephone number...
Both “somethings” make a “something” of you.
A polite invitation to piss against the wind.

Técnicas refinadas de delación,
o Una cortés Invitación a escupir para arriba.

¿Con qué contenido se llena el vaso del primer "algo"?
La eficacia de ese primer "algo" anida en su radicalidad histórica, en su capacidad de leer el tiempo y alojar el cambio, en ser eco de la tediosa repetición así como de la fugaz novedad.
En otras palabras, detecta y hospeda la paranoia de una época.
Ese primer "algo" no es creativo en absoluto, pero permite y fomenta la creatividad, es un mecenas.
El segundo "algo" está más cerca del número de teléfono...
Ambos "algo" hacen de usted algo...
Una cortés invitación a escupir para arriba...

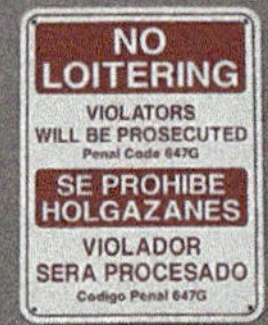

LOITERING IS A ~~CRIME~~ *RHYME*

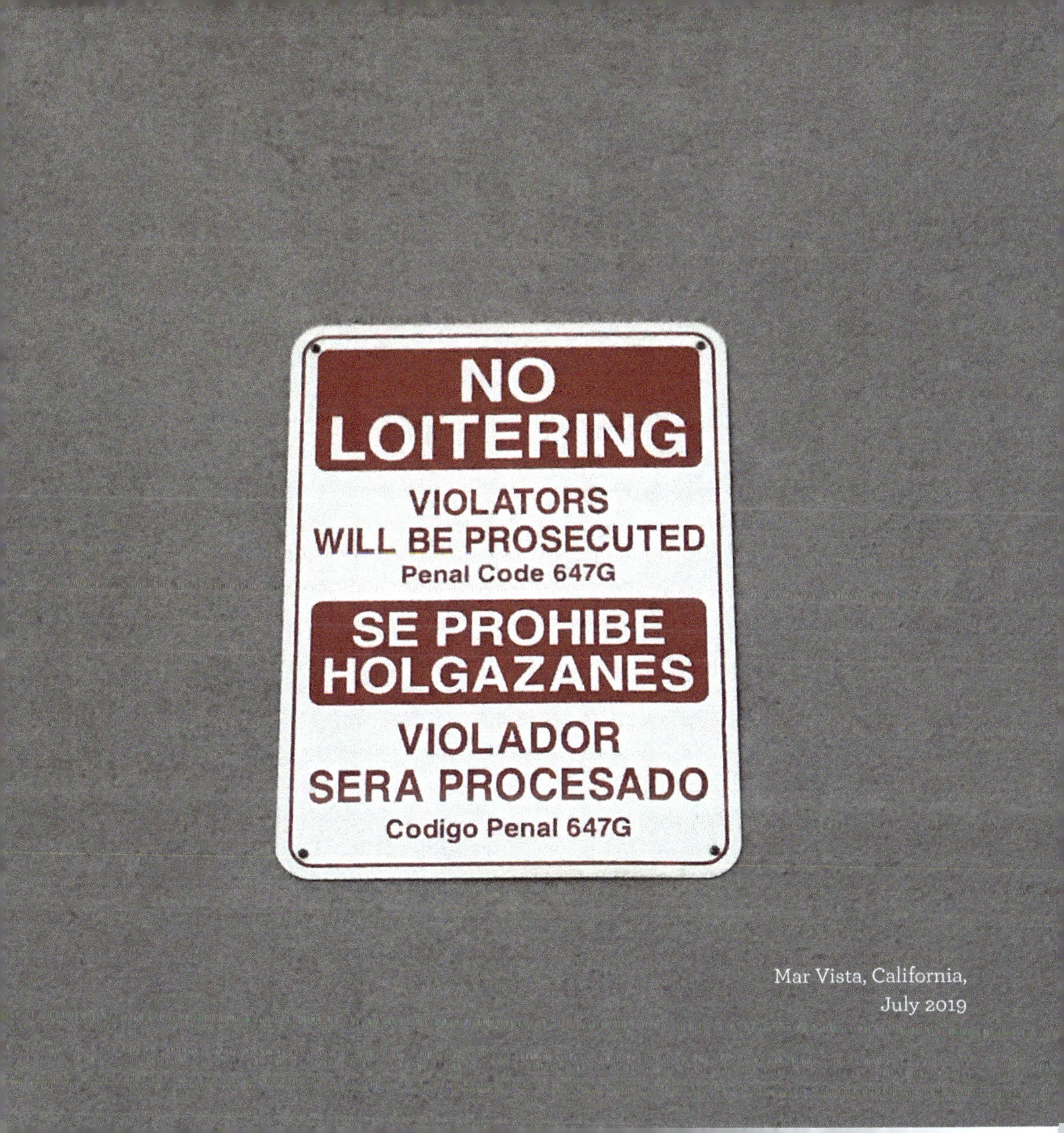

Mar Vista, California,
July 2019

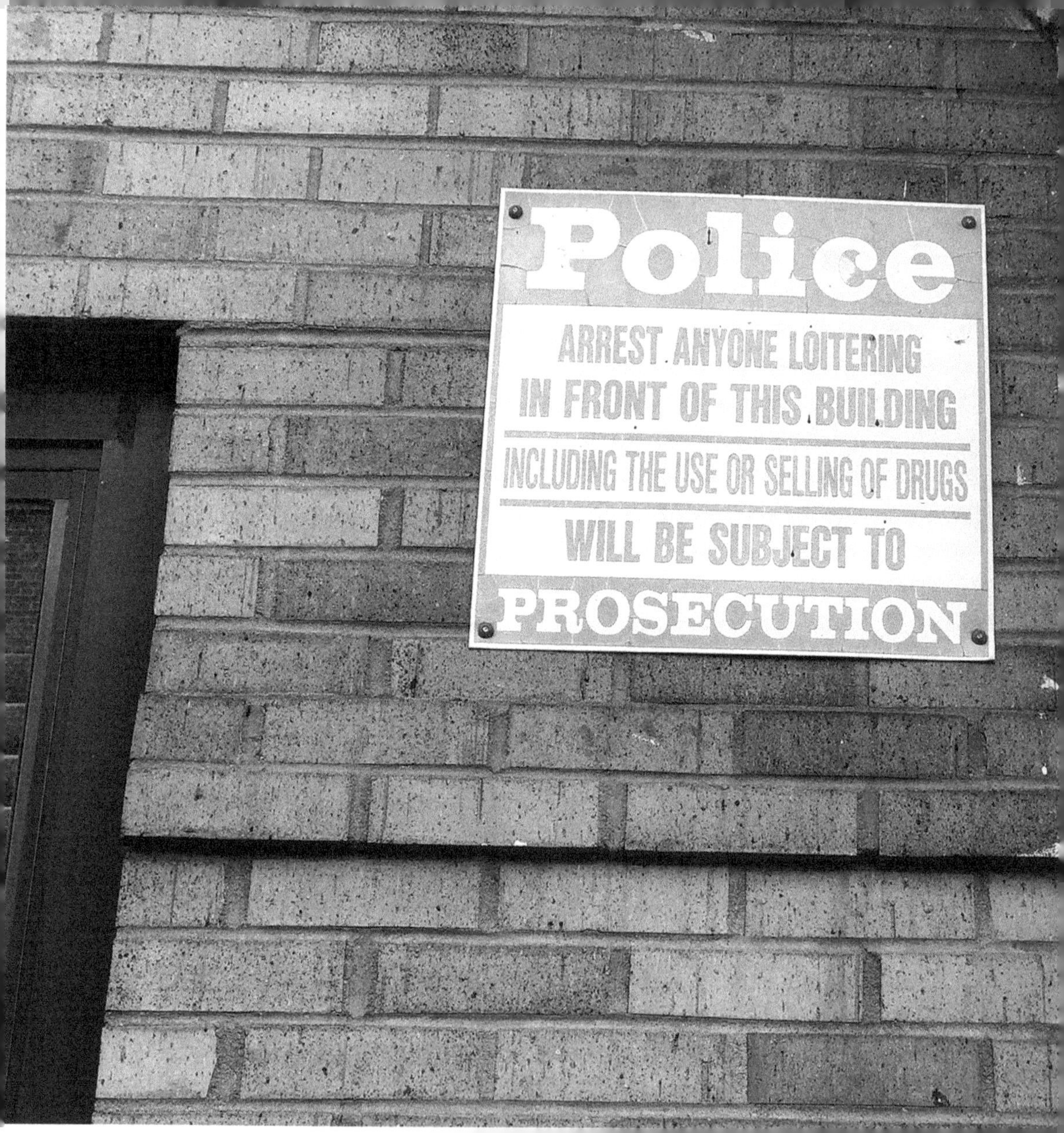

Police

ARREST ANYONE LOITERING
IN FRONT OF THIS BUILDING

INCLUDING THE USE OR SELLING OF DRUGS

WILL BE SUBJECT TO

PROSECUTION

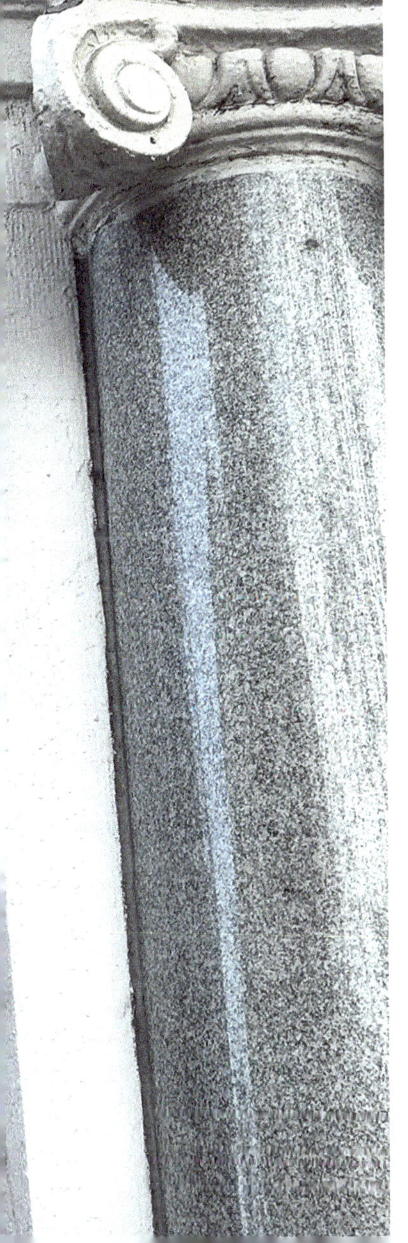

POLICÍA

ARRESTE A CUALQUIER PERSONA
HOLGAZANEANDO EN EL FRENTE
DE ESTE EDIFICIO

INCLUYENDO EL USO O
LA VENTA DE DROGAS

SERÁN SUJETOS A JUICIO

NYC,
April 2018

DETENGA LA PROPAGACIÓN
DEL CRIMEN Y DROGAS
SI USTED VE O CONOCE
DE ALGUIEN COMETIENDO
UN CRIMEN EN NUESTRA
COMUNIDAD O LUGAR DE
TRABAJO

NOSOTROS
(800) 78-CRIMEN

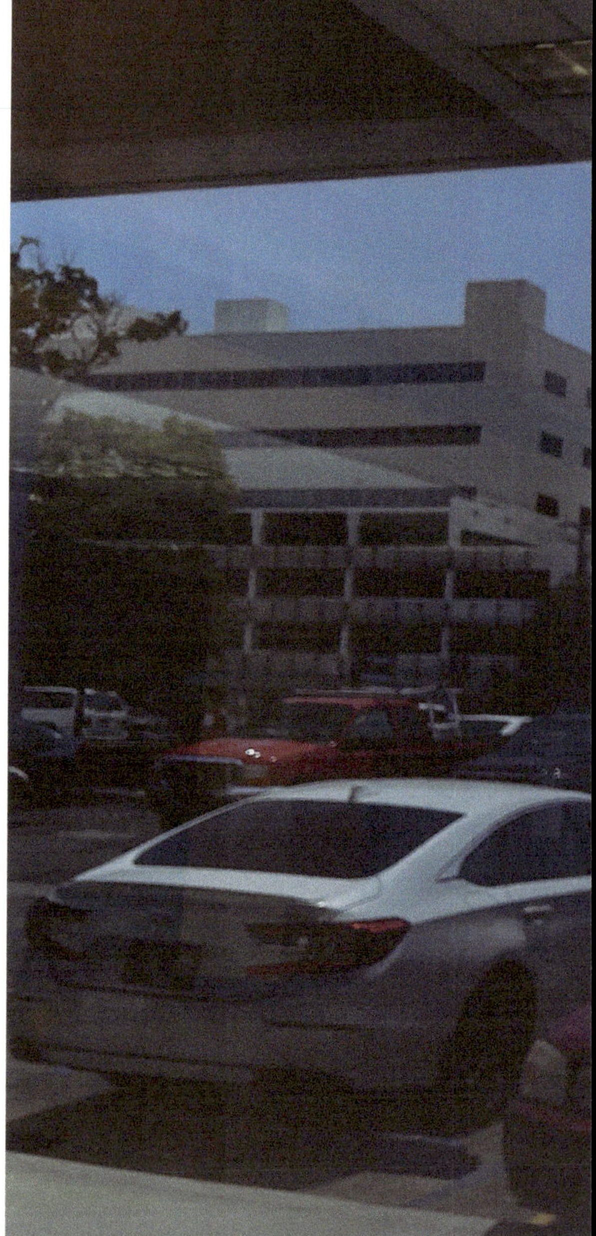

Culver City, California,
June 2021

STOP THE SPREAD OF CRIME AND DRUGS. IF YOU SEE OR KNOW OF SOMEONE COMMITTING A CRIME IN OUR COMMUNITY OR WORKPLACE,
We
(800)78-CRIME
Se Habla Español
V/TDD
中文接線員

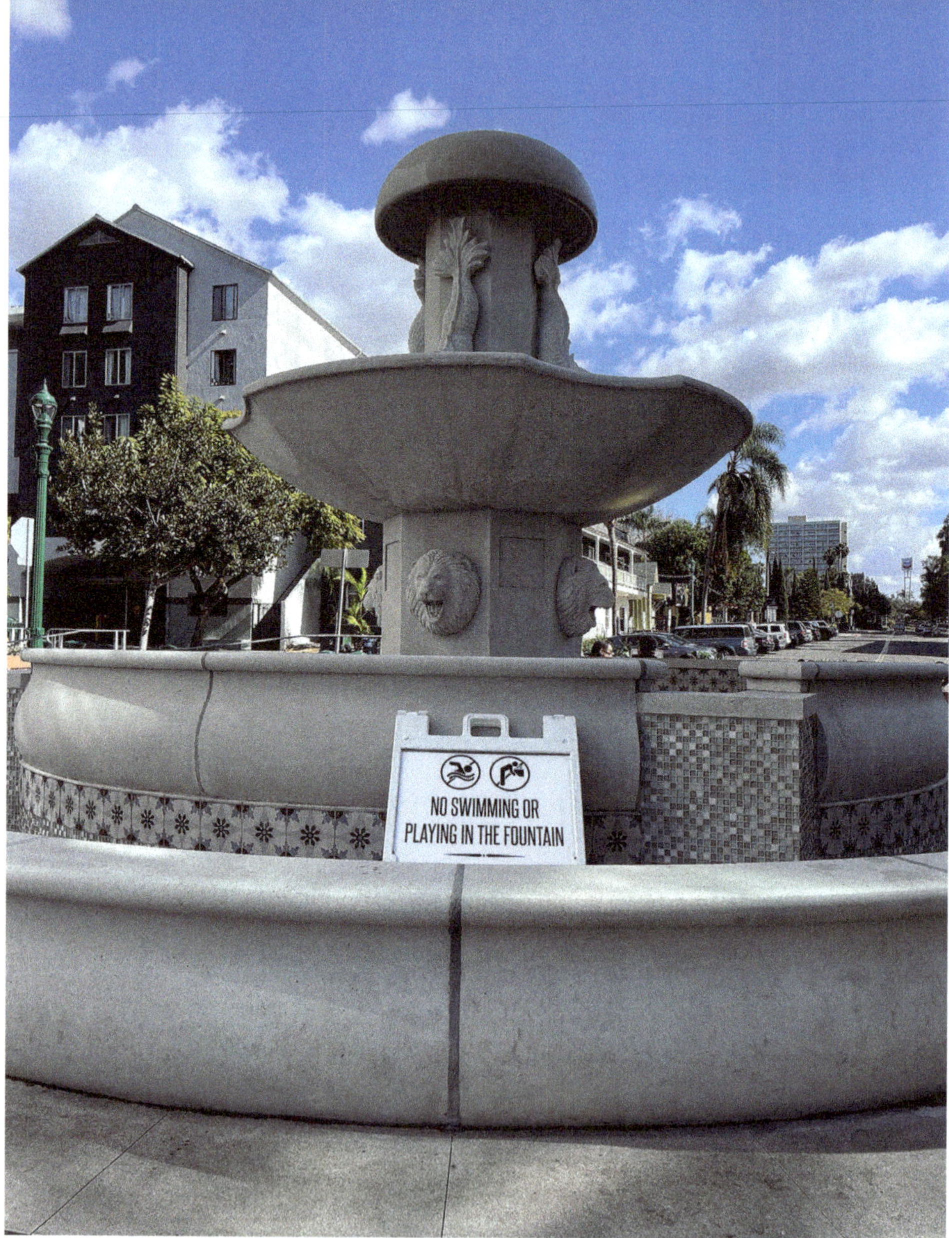
NO SWIMMING OR
PLAYING IN THE FOUNTAIN

NO NADAR
NI JUGAR
EN LA FUENTE

Little Italy, San Diego, California,
January 2021

NO MENDIGAR

AVISO
Llevar ocultas armas legales
está permitido en estas instalaciones
La gerencia reconoce La Segunda Enmienda de la
Constitución de EEUU como un derecho inalienable de
todos los ciudadanos
Nosotros, entonces, apoyamos y alentamos
el llevar armas con licencia ocultas

Alpine, Texas,
December 2020

No Soliciting
Office Hours:
9 am – 12 pm
1 pm – 3 pm
Monday - Friday
NOTICE
LAWFUL CONCEALED CARRY
PERMITTED ON THESE PREMISES
Management recognizes the
Second Amendment to the U.S. Constitution
as an unalienable right of all citizens.
We therefore support and encourage
the carrying of licensed concealed weapons.

Proof of Validated Fare Required
Comprobante de pasaje válido requerido

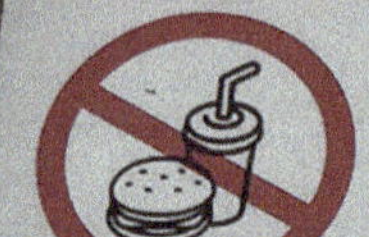
No Eating or Drinking
No coma ni beba

No Smoking or Vaping
No fume o use cigarrillo electrónico

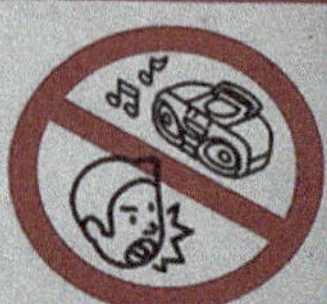
No Loud or Rowdy Activity
No haga escándalos

No Bike Riding
No andar en bicicleta

No Skateboarding
No andar en patinetas

No Spitting or Gum on Property
No escupir o masticar chicle

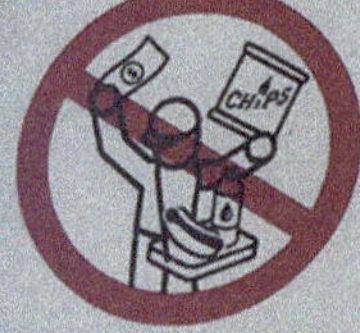
CHIPS
No Vending or Panhandling
No hay venta no autorizada

No Loitering or Willful Blocking
No deambular o bloquear

No Littering
No tire basura

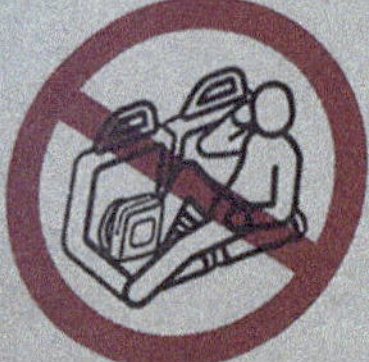
No More Than One Seat Per Person
No más de un asiento por persona

No Feeding Birds/Animals
No alimente los pájaros/animales

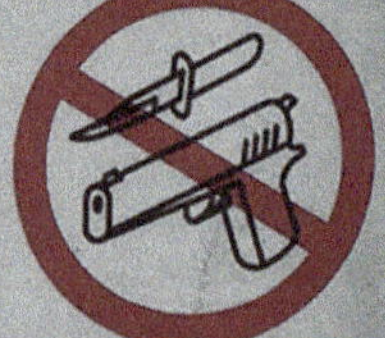
No Weapons
No armas

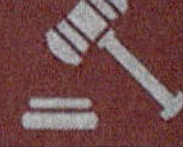
Up to $1000 fine/one year in jail*
Multa de hasta $1000 y un año de cárcel*
CA Penal Code Sec 171.2
CA Penal Code Sec 640
LACMTA Admin Code Title 6

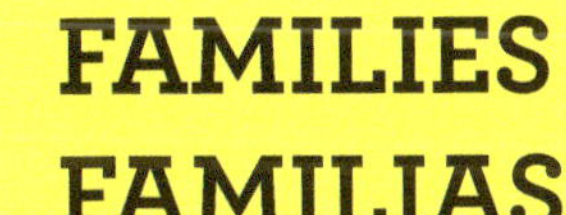

FAMILIES FAMILIAS

La Cienaga Station, Los Angeles,
June 2018

This sign reminds us of the questions that must be answered to apply for a visa to enter the USA.
In the sign there is a logical side-by-side issue, or the coexistence of several prohibitions in the same place: no spitting, no weapons, no pigeon feeding, no listening to music. Everything together, scrambled and apart.
Here, the prohibitions and warnings appear as a family portrait, standing hand in hand. As foreigners, we read them like a heterogeneous family, shaped by force. To us, they look like *The Addams Family.*
Nevertheless, if we pay closer attention, we will notice that it is not so. *The Addams Family* is weird and eccentric, yet it is not a heterogeneous family: their house is a museum, they live at 0001 Cemetery Lane, they use candles, they have carnivorous plants, they dress in mourning attire. It all makes sense and nothing is out of place.

Signage in the USA is family-like because it is an organic core. It is a family which acquires meaning –shape, volume, sense– under the light of the court. And it may seem dysfunctional and broken, torn apart, but it isn't. Everything in its rightful place. Everything is in its right: the gun next to the pigeons, under the trash, close to the skateboard, next to the stairs.

It is a family that always looks as if they were attending Mass or a court hearing. Let's look at the signs as if they were a family, not because they are really one, but so that we do not lose sight of the homogeneity in all of this only apparent heterogeneity.

Este cartel nos recuerda las preguntas que se deben responder en una cita para solicitar la visa a USA. Es muy interesante esta lógica de uno al-lado-del-otro, de la convivencia de prohibiciones en un mismo espacio: escupir, portar armas, alimentar palomas, escuchar música, etc.
Todo junto mezclado y separado.
Aquí las prohibiciones y advertencias parecen presentarse como una familia, enmarcadas, tomadas de la mano. Desde la extranjería se lee como una familia heterogénea, armada a presión. Se ve como la familia de *Los locos Addams*.
Pero si uno presta un poco de atención se dará cuenta de que no es así: la familia de *Los locos Addams* es rara y excéntrica, pero no es heterogénea: su casa es un museo, viven en el 0001 de Cemetery Lane, iluminan con velas, tienen plantas carnívoras, se visten de luto, etc. En ese sistema específico todo está en su lugar, todo cierra, nada altera el sentido.

La señalética en USA es familiar porque se presenta como un núcleo orgánico. No es rara o extravagante, es una familia que toma coherencia –forma, volumen y sentido– bajo la luz de un juzgado. Y parece disfuncional, quebrada, desmembrada, pero no lo es: todo está en su lugar, el arma al lado de las palomas, debajo de la basura, cerca del skate, en diagonal a las escaleras.

Es una familia que siempre se presenta como para asistir a misa o al juzgado.
Miremos los conjuntos de manera familiar para no perder de vista la homogeneidad de toda esa aparente –sólo aparente– heterogeneidad.

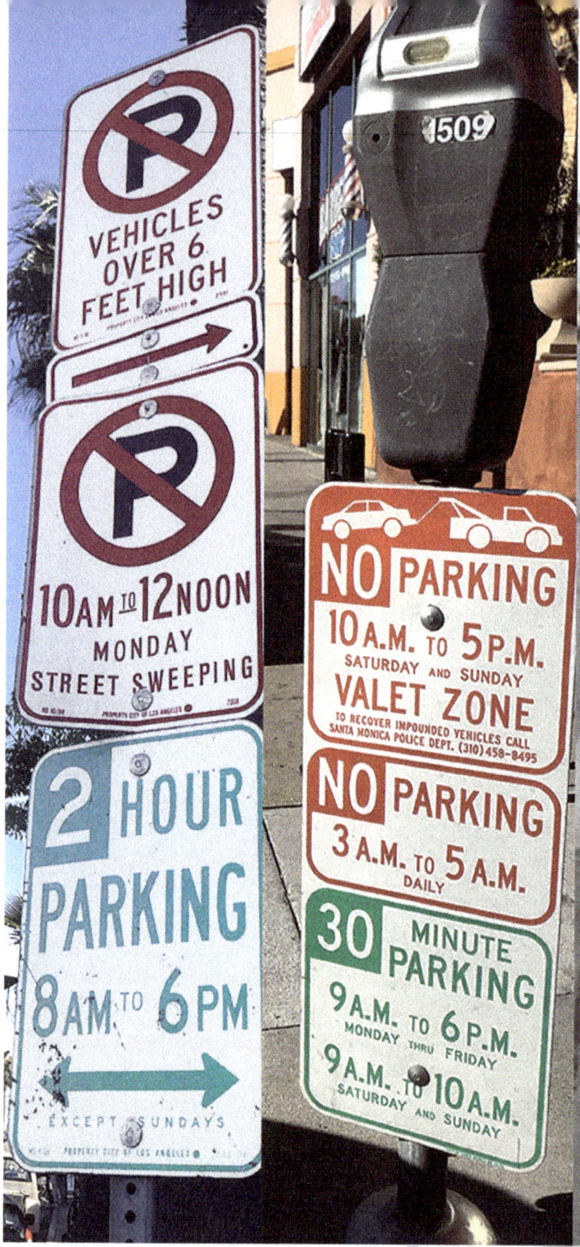

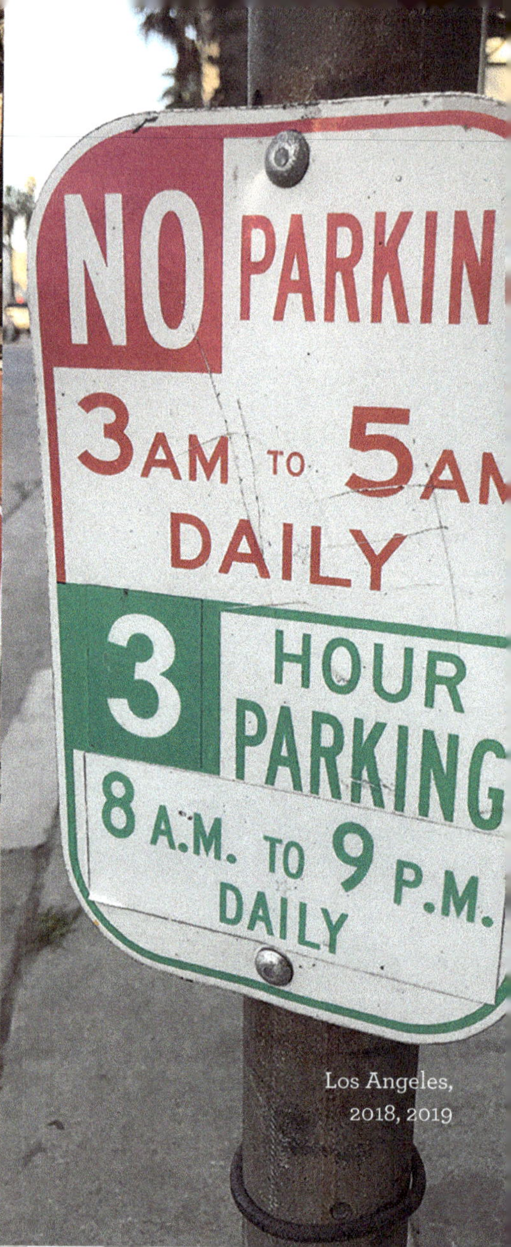

Los Angeles,
2018, 2019

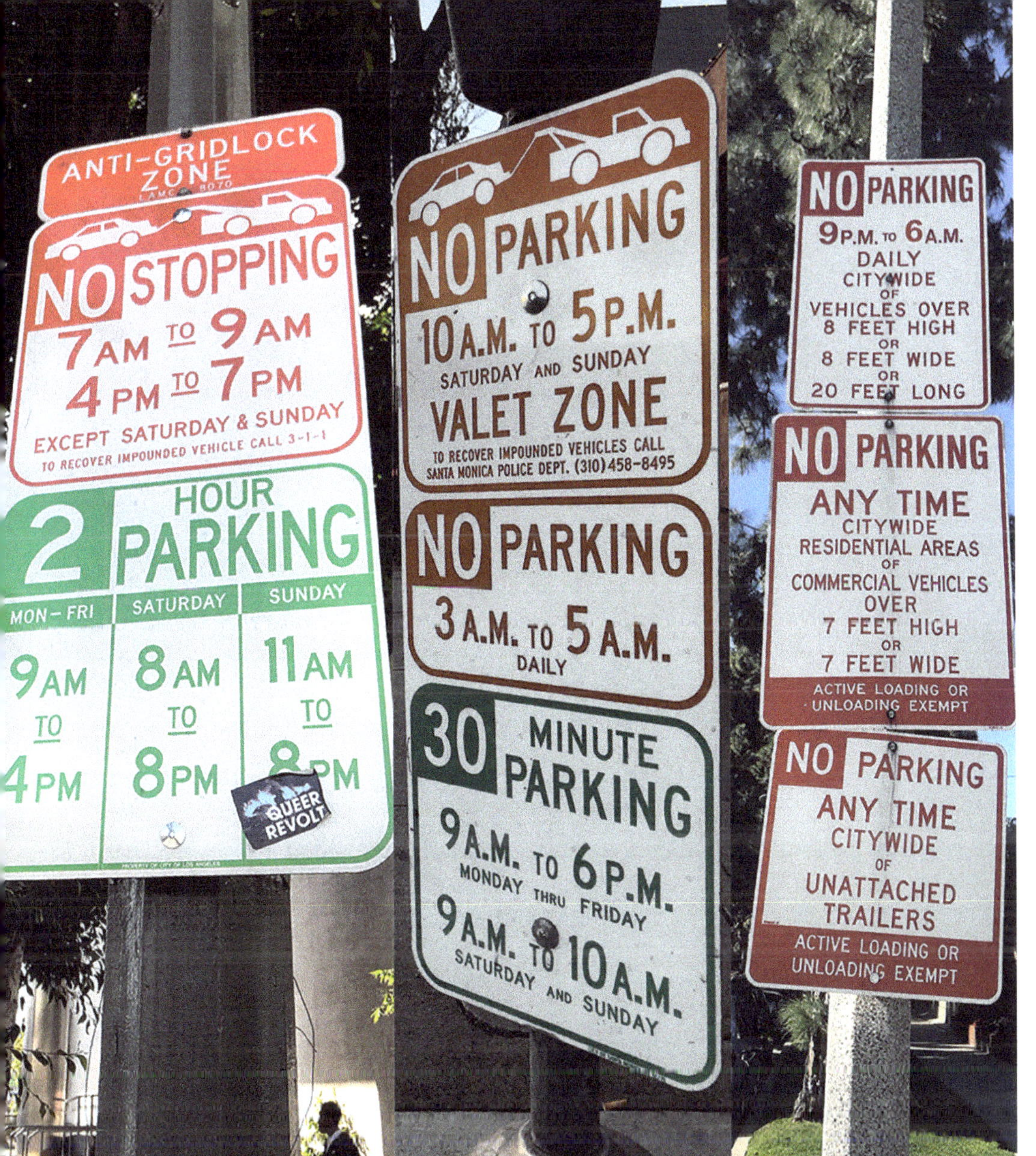

ANTI-GRIDLOCK ZONE
NO STOPPING
7AM TO 9AM
4PM TO 7PM
EXCEPT SATURDAY & SUNDAY
TO RECOVER IMPOUNDED VEHICLE CALL 3-1-1
2 HOUR PARKING
MON-FRI
9AM TO 4PM
SATURDAY
8AM TO 8PM
SUNDAY
11AM TO 8PM
QUEER REVOLT
NO PARKING
10A.M. TO 5P.M.
SATURDAY AND SUNDAY
VALET ZONE
TO RECOVER IMPOUNDED VEHICLES CALL
SANTA MONICA POLICE DEPT. (310) 458-8495
NO PARKING
3A.M. TO 5A.M.
DAILY
30 MINUTE PARKING
9A.M. TO 6P.M.
MONDAY THRU FRIDAY
9A.M. TO 10A.M.
SATURDAY AND SUNDAY
NO PARKING
9P.M. TO 6A.M.
DAILY
CITYWIDE
OF
VEHICLES OVER
8 FEET HIGH
OR
8 FEET WIDE
OR
20 FEET LONG
NO PARKING
ANY TIME
CITYWIDE
RESIDENTIAL AREAS
OF
COMMERCIAL VEHICLES
OVER
7 FEET HIGH
OR
7 FEET WIDE
ACTIVE LOADING OR
UNLOADING EXEMPT
NO PARKING
ANY TIME
CITYWIDE
OF
UNATTACHED
TRAILERS
ACTIVE LOADING OR
UNLOADING EXEMPT

FOTO 1

PROHIBIDO Vehículos de más de 1.80 metros de altura PROHIBIDO 10 a 12 mediodía Lunes Limpieza de Calle
2 horas de estacionamiento 8 a 18 hs

FOTO 2

NO ESTACIONAR 10 a 17 hs Sábados y Domingo zona valet Para coches incautados llame al departamento de policía de Santa Mónica

FOTO 3

NO estacionar de 3 a 5 hs diariamente
3 hs de estacionamiento 8 a 21 hs diariamente

FOTO 4

Zona Anti Embotellamiento
NO detenerse 7 a 9 hs 16 a 19 hs
Excepto Sábados y Domingos
Para recuperar vehículos remolcados llame al...
2hs Estacionamiento
Lu-Vie 9 a 16 hs Sábado 8 a 20 hs. Domingo 11 a 20 hs

FOTO 5

NO ESTACIONAR 10 a 17 hs
Sábado y Domingo zona Valet
para recuperar vehículos remolcados llamar al... Departamento de Policía de Santa Mónica...
NO ESTACIONAR 3 a 5 hs diariamente
30 MINUTOS ESTACIONAMIENTO
9 a 18 hs Lunes a Viernes
9 a 10 hs Sábados y Domingos

FOTO 6
NO ESTACIONAR
21 a 6 hs
diariamente por toda la ciudad
vehículos de más de 2.4 mts de altura
o 2.4 mts de ancho
o 6 mts de largo
NO ESTACIONAR
en ningún momento
por toda la ciudad
en áreas residenciales
vehículos comerciales
de más de 2.1 mts de alto
o más de 2.1 mts de ancho
Excepto carga o descarga activa
NO ESTACIONAR
EN NINGÚN MOMENTO
por toda la ciudad
remolques sueltos
Excepto carga y descarga activa

NO ESTACIONAR
de 4am a 6am
Días de Semana
Limpieza de calles

Remolque días de escuela
NO detenerse Lunes a Viernes
6am a 4pm

Excepciones días de escuela
Lunes a Viernes 6am a 4pm
Permisos CCUSD

Remolque día de escuela
1 hora de estacionamiento
Lunes a Viernes 4pm a 6pm
Una vez al día, por distrito
Permisos del distrito exentos

Remolque
1 hora de estacionamiento días de no escuela
Domingo 12 medianoche a Viernes 6pm
Una vez al día, por distrito

NO detenerse
Viernes 6pm a Domingos 12 medianoche
Permisos del distrito exentos

Culver City, California,
July 2019

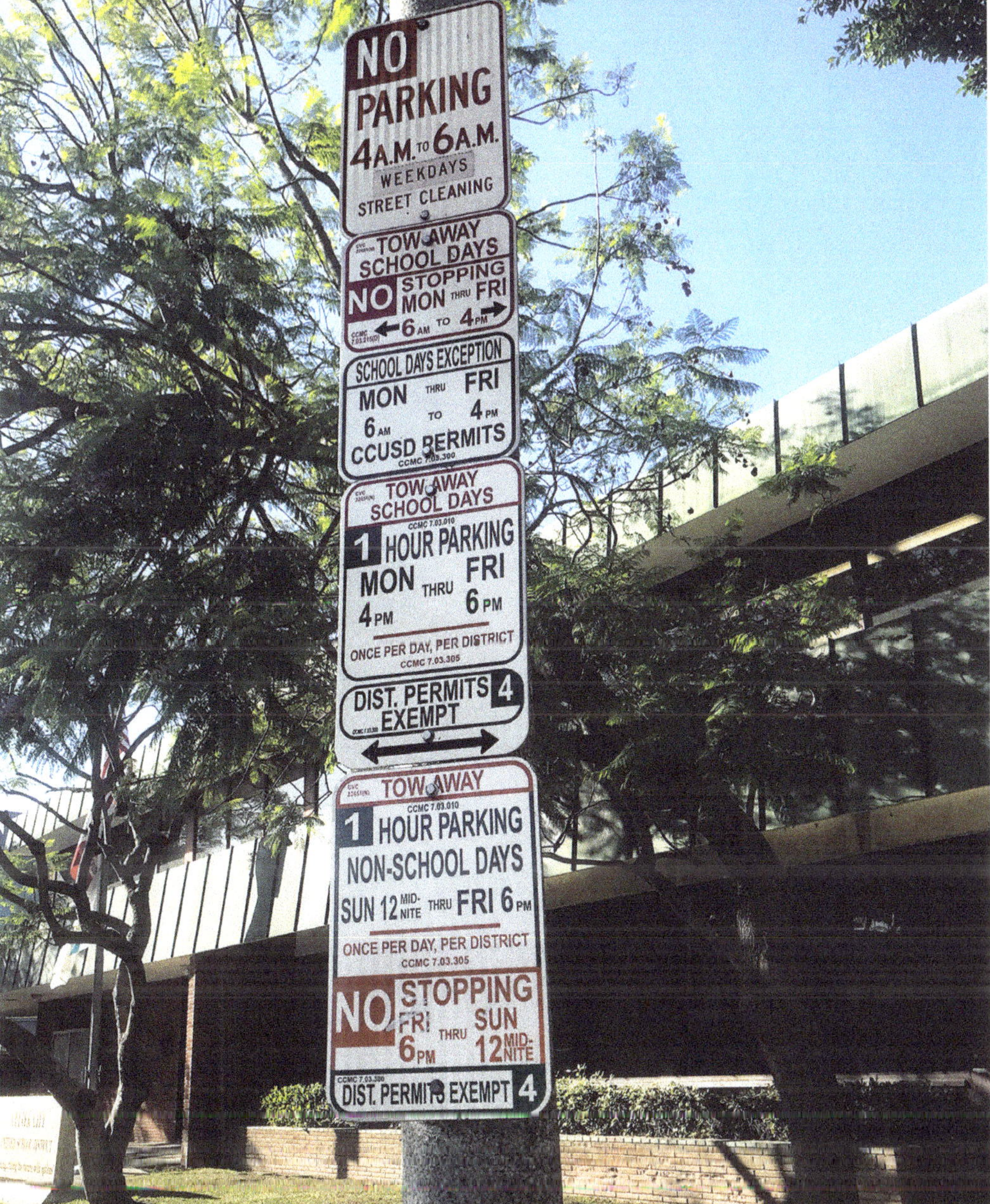
NO PARKING
4A.M. TO 6A.M.
WEEKDAYS
STREET CLEANING
TOW AWAY
SCHOOL DAYS
NO STOPPING
MON THRU FRI
6AM TO 4PM
SCHOOL DAYS EXCEPTION
MON THRU FRI
6AM TO 4PM
CCUSD PERMITS
CCMC 7.03.390
TOW AWAY
SCHOOL DAYS
CCMC 7.03.010
1 HOUR PARKING
MON THRU FRI
4PM 6PM
ONCE PER DAY, PER DISTRICT
CCMC 7.03.305
DIST. PERMITS 4
EXEMPT
TOW AWAY
CCMC 7.03.010
1 HOUR PARKING
NON-SCHOOL DAYS
SUN 12 MID-NITE THRU FRI 6PM
ONCE PER DAY, PER DISTRICT
CCMC 7.03.305
NO STOPPING
FRI THRU SUN
6PM 12 MID-NITE
DIST. PERMITS EXEMPT 4

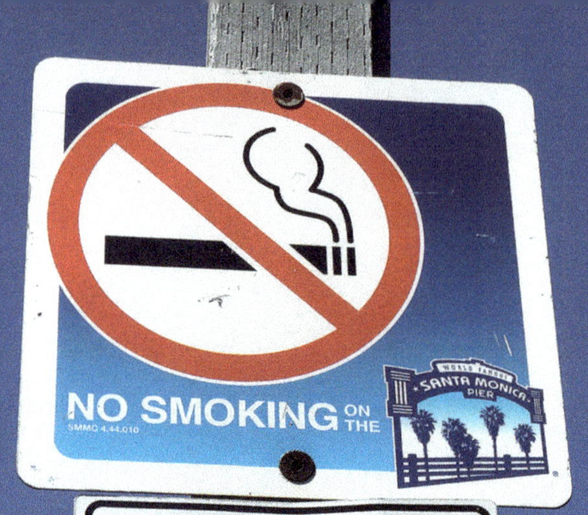
NO SMOKING ON THE
SMMC 4.44.010
WORLD FAMOUS
SANTA MONICA
PIER

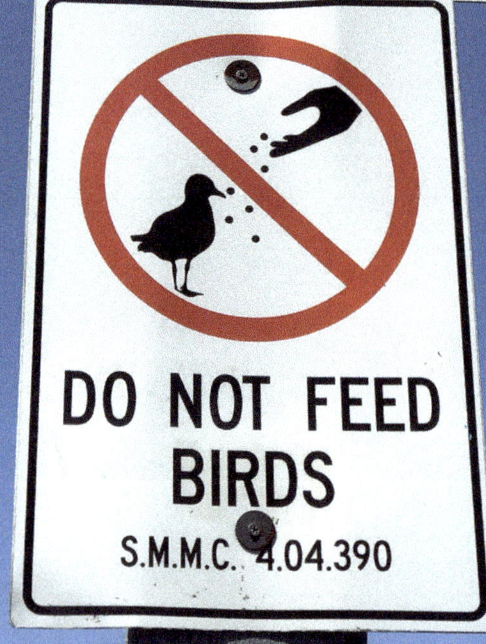
DO NOT FEED
BIRDS
S.M.M.C. 4.04.390

NO FUMAR
en el muelle de Santa Mónica

NO ALIMENTAR
PÁJAROS

Santa Monica,
March 2018

REGLAS DE LA PLAZA

NO BICICLETAS O
ANDAR EN SKATE

NO CABALLOS, VEHÍCULOS
O ACOPLADOS

NO CLAVOS U OTROS
OBJETOS

NO FUMAR

Mesilla, New Mexico,
December 2020

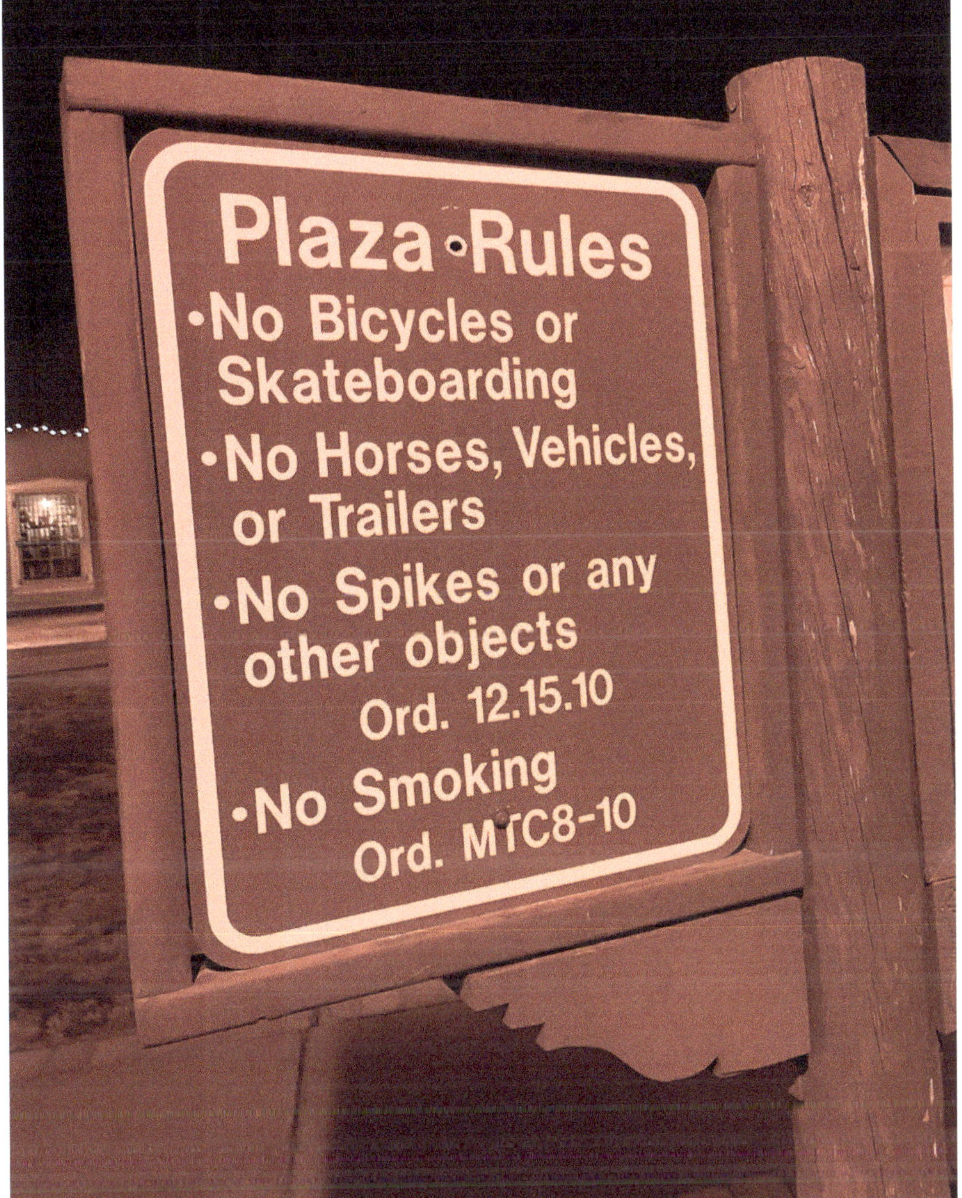
Plaza Rules
•No Bicycles or Skateboarding
•No Horses, Vehicles, or Trailers
•No Spikes or any other objects
Ord. 12.15.10
•No Smoking
Ord. MTC8-10

No fumar
incluyendo vaporizadores
y cigarrillos electrónicos

No permanecer enfrente
o entre vehículos durante
la aproximación a tierra y
acoplamiento

AVISO
Área de distancia
social

Bolivar Peninsula, Texas,
December 2020

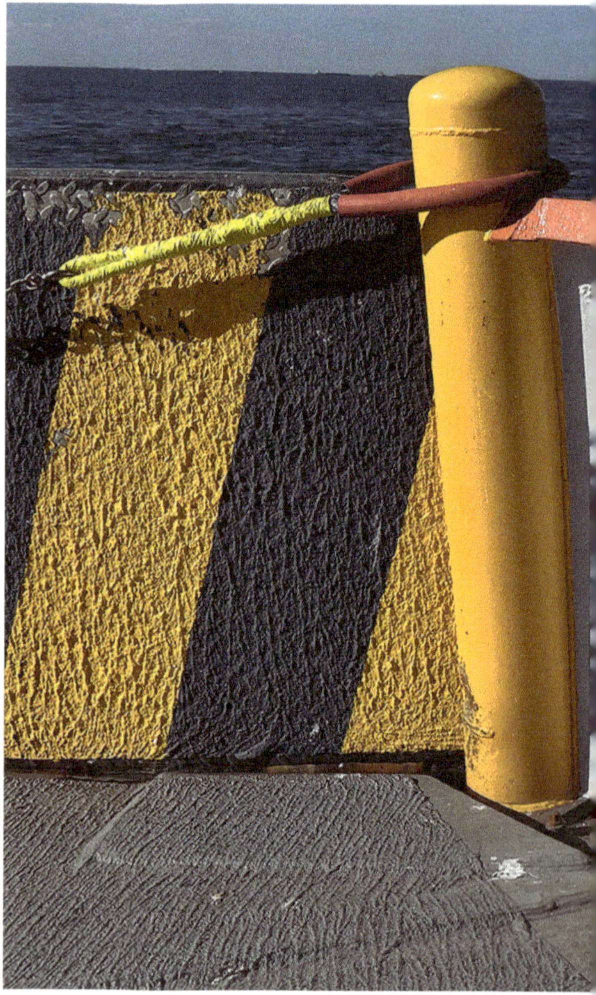

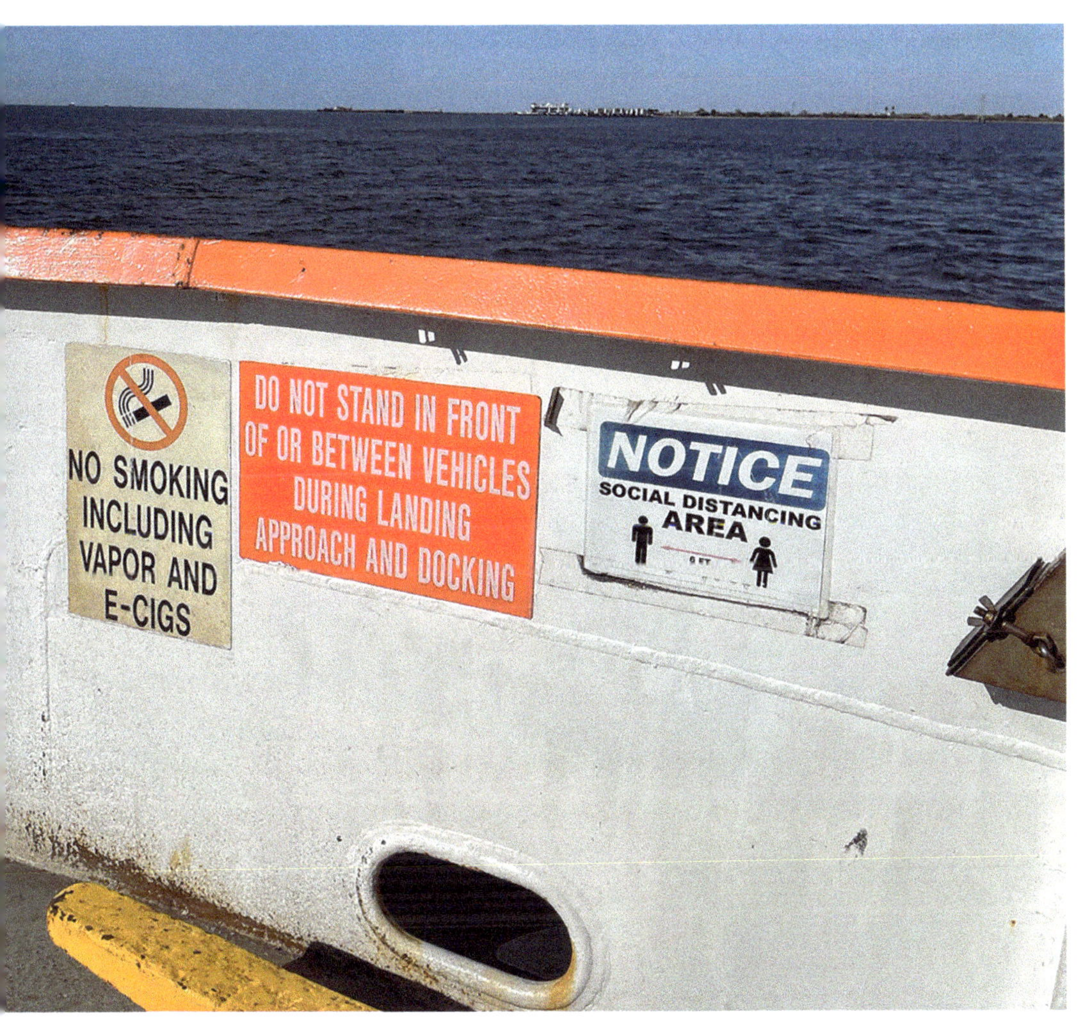
NO SMOKING
INCLUDING
VAPOR AND
E-CIGS
DO NOT STAND IN FRONT
OF OR BETWEEN VEHICLES
DURING LANDING
APPROACH AND DOCKING
NOTICE
SOCIAL DISTANCING
AREA

ABSOLUTAMENTE
NO skatear
NO andar en rollers
NO andar en bici
NO vehículos motorizados

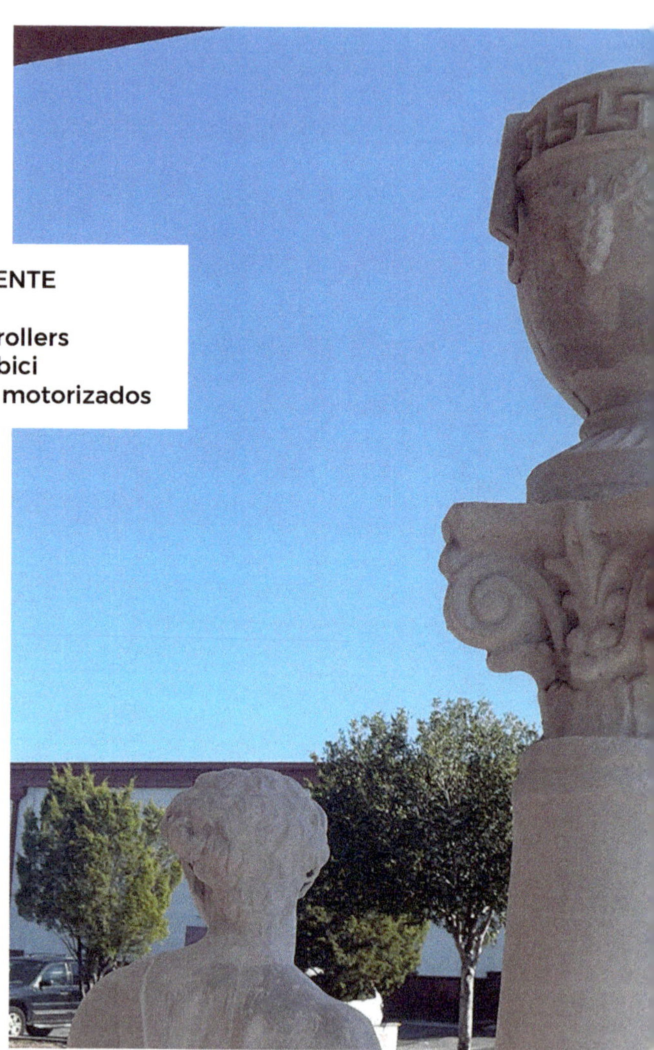

Florida,
December 2020

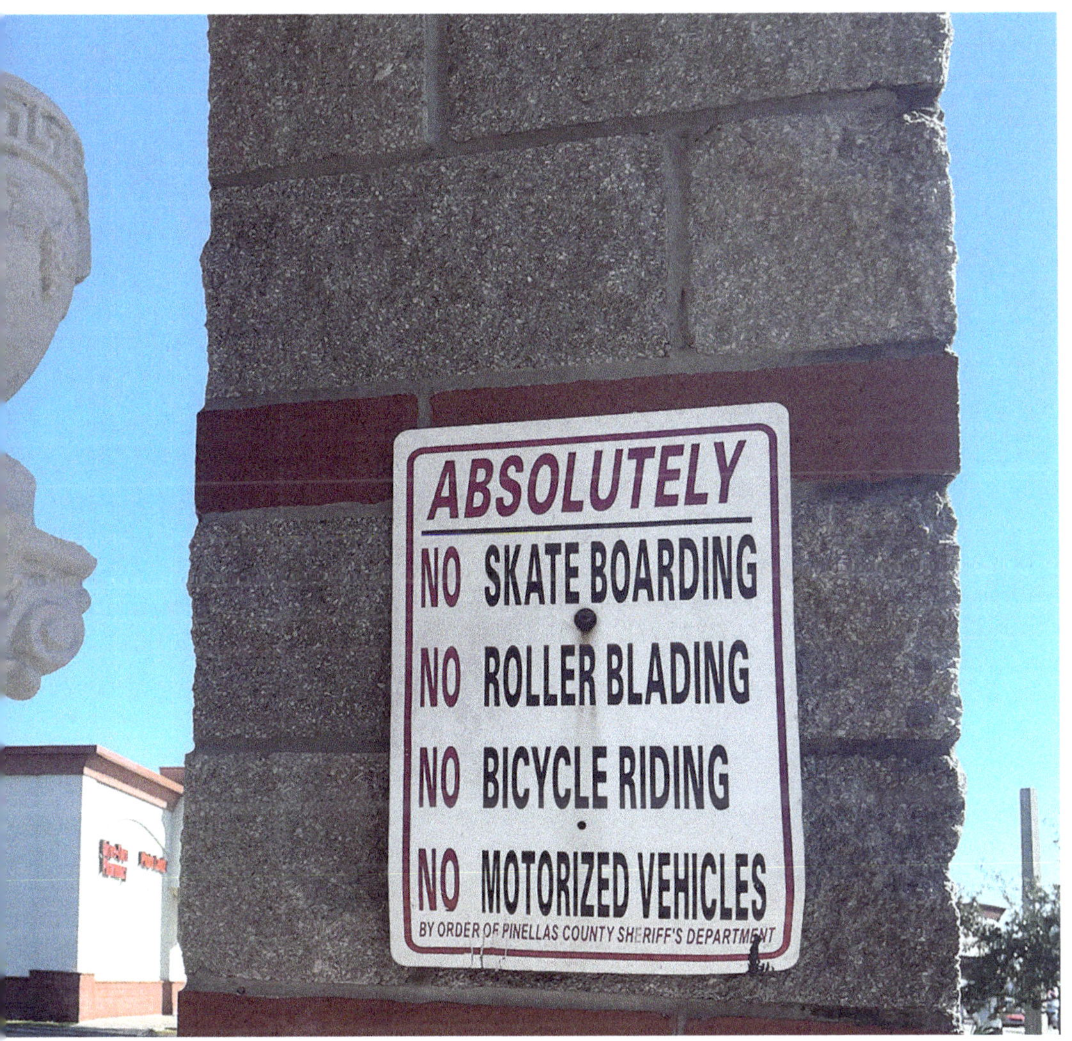
ABSOLUTELY
NO SKATE BOARDING
NO ROLLER BLADING
NO BICYCLE RIDING
NO MOTORIZED VEHICLES
BY ORDER OF PINELLAS COUNTY SHERIFF'S DEPARTMENT

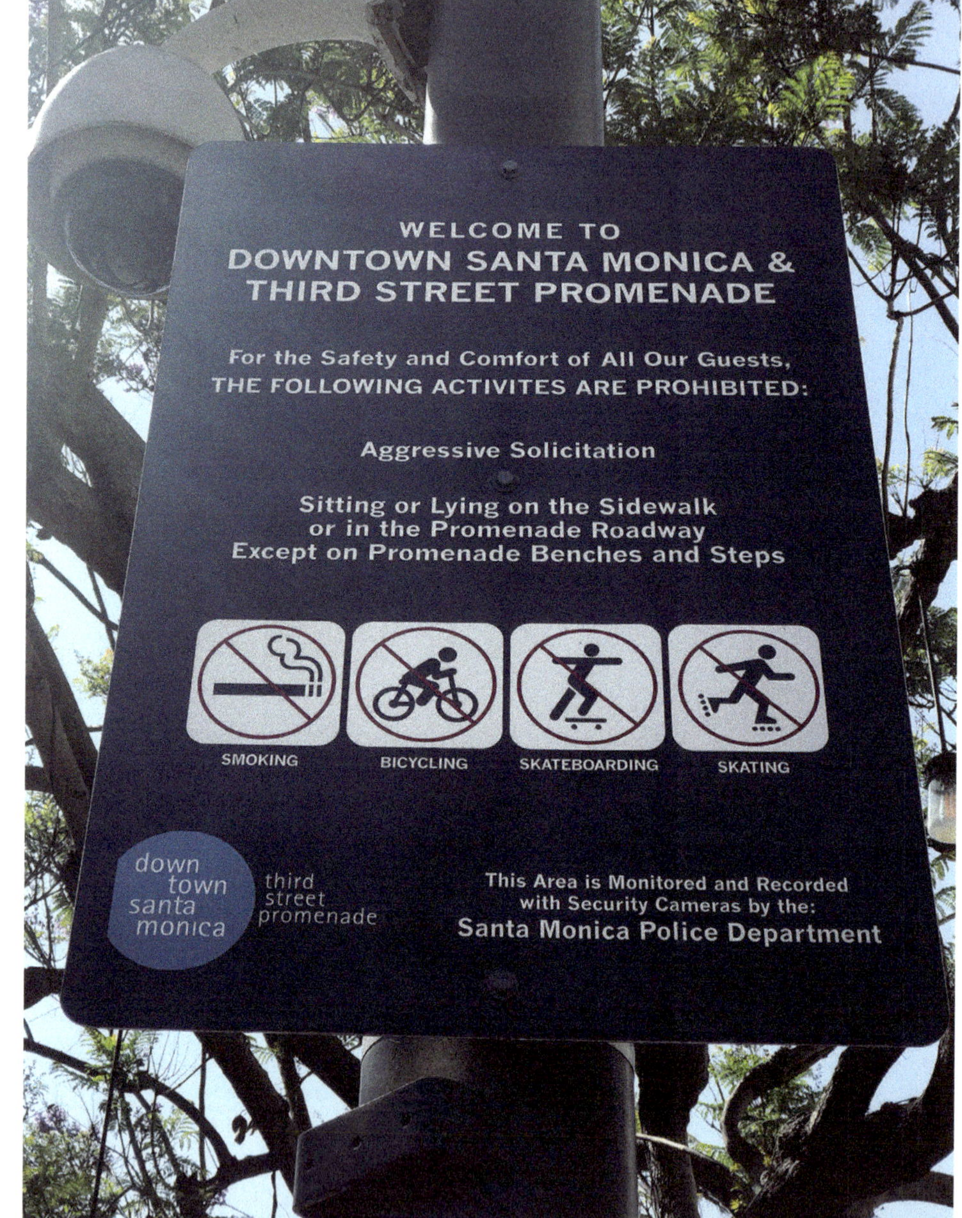
WELCOME TO
DOWNTOWN SANTA MONICA &
THIRD STREET PROMENADE
For the Safety and Comfort of All Our Guests,
THE FOLLOWING ACTIVITES ARE PROHIBITED:
Aggressive Solicitation
Sitting or Lying on the Sidewalk
or in the Promenade Roadway
Except on Promenade Benches and Steps
SMOKING
BICYCLING
SKATEBOARDING
SKATING
down town santa monica
third street promenade
This Area is Monitored and Recorded
with Security Cameras by the:
Santa Monica Police Department

BIENVENIDO AL
CENTRO DE SANTA MÓNICA Y
PASEO TERCERA CALLE

Por la seguridad y comodidad de
Todos Nuestros Visitantes
LAS SIGUIENTES ACTIVIDADES
ESTÁN PROHIBIDAS

Mendigar Agresivamente

Sentarse o Acostarse sobre
la Vereda o en la Calle del Paseo
Excepto en los Bancos y Escaleras
del Paseo

FUMAR - ANDAR EN BICICLETA -
ANDAR EN SKATE - PATINAR

Esta Área es Monitoreada y Grabada con
cámaras de seguridad por el Departamento
de Policía de Santa Mónica

Promenade Santa Monica, California,
June 2018

PROPIEDAD PRIVADA

No estacionar sin permiso
del dueño de la propiedad
No ingresar sin permiso
ESTACIONAMIENTO PARA
DISCAPACITADOS
Vehículos estacionados en espacios
designados para discapacitados,
sin mostrar placa emitida para personas
con discapacidad físicas pueden ser
remolcados con coste para el propietario
Vehículos remolcados pueden ser
reclamados en:
ADVERTENCIA
Combustible de coches y sus
derivados contienen químicos
conocidos por el Código de Salud
y Seguridad del Estado de California,
Sección 25249.6
CONTRATO DE RESPONSABILIDAD
DE ESTACIONAMIENTO
Pagar por estacionamiento
le permite a Ud. estacionar
y bloquear un vehículo en un área
designada a su propio riesgo y tarifas
exhibidas. El OPERADOR no vigila
ni asume cuidado, custodia o control
de su vehículo ni sus contenidos y no es
responsable por robo, daño o pérdida
El OPERADOR acepta el pago
como su contrato para estacionar
en un espacio a su propio riesgo
de acuerdo a los horarios y tarifas
exhibidas. Sólo se garantiza el
derecho de estacionar y no
constituye ningún depósito
Esto no es un comprobante
Este es su contrato final y ningún
empleado debe modificar
o renunciar a sus términos
Al aceptarlo, Ud. acuerda con los
términos de renuncia
RESPONSABLE POR LLAVE
DE ENCENDIDO SÓLAMENTE

NO FOTOGRAFÍA
NO VIDEOGRABACIONES

ADVERTENCIA
AUDIO Y VIDEO VIGILANCIA DE
SERVICIO TODO EL TIEMPO

Downtown Los Angeles, California,
November 2018

PRIVATE PROPERTY
No Parking Without Property Owner's Permission.
No Trespassing P.C. 602(A)
L.A.M.C. 80.71.4 LAPD 213-485-3117

HANDICAP PARKING
Unauthorized vehicles parked in designated handicapped spaces, no displaying or license plates issued for physically handicapped persons may be towed at owner's expense. Towed vehicles reclaimed at:

PROP 65 WARNING
Automobile Fuel and its by products contain chemicals known to the State Of California Health and Safety Code Section 25249.6

PARKING CONTRACT LIABILITY
Payment for parking licenses you to park and lock one vehicle in a designate area at your own risk and at posted rates. OPERATOR does not guard or assume care, custody or control of your vehicle or its contents and is not responsible for theft, damage, or loss. OPERATOR accepts payment as your contract to park in one space at your sole risk and in accordance to posted time and rates. Only a license to park is granted hereby and no bailment is created. This is not a claim check. This is your entire contract and no employee may not modify or waive of its terms. By acceptance of it your agree to foregoing terms.

RESPONSIBLE FOR IGNITION KEY ONLY

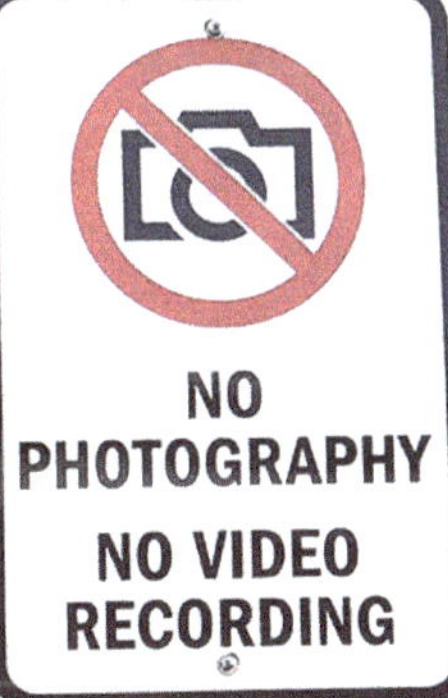

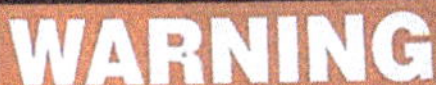

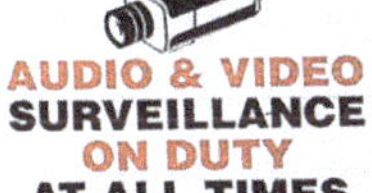

AVISO
Camaras de Vigilancia
Grabando
Audio Y Video
Todo el Tiempo

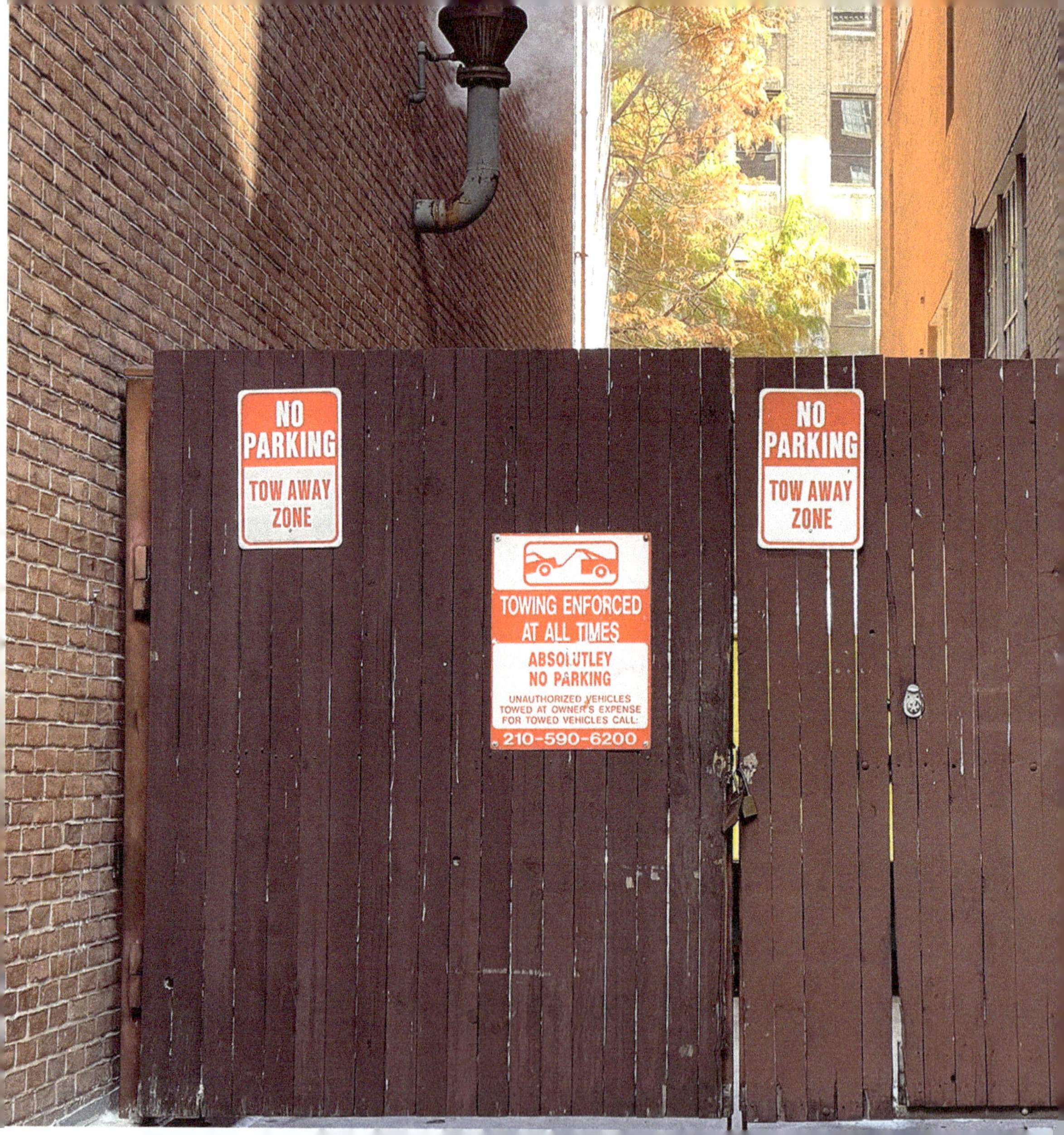
NO PARKING
TOW AWAY ZONE
TOWING ENFORCED AT ALL TIMES
ABSOLUTLEY NO PARKING
UNAUTHORIZED VEHICLES TOWED AT OWNER'S EXPENSE FOR TOWED VEHICLES CALL:
210-590-6200
NO PARKING
TOW AWAY ZONE

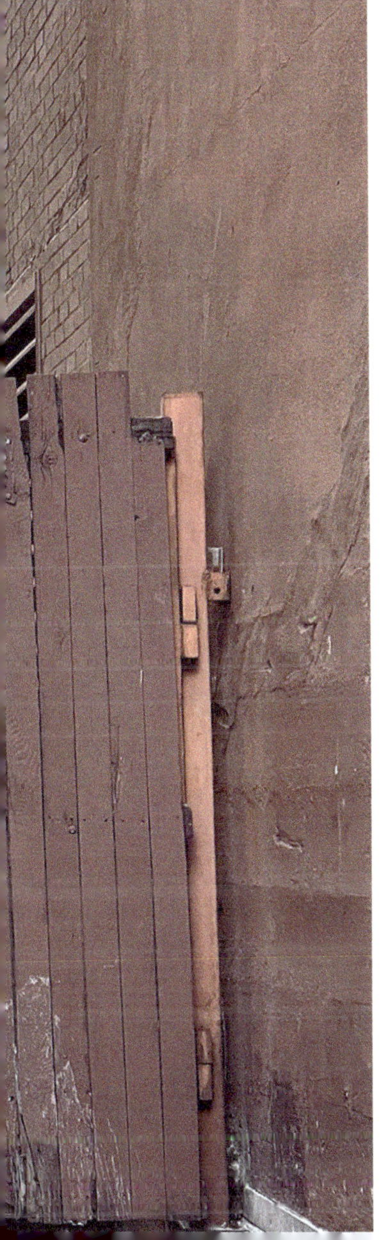

NO
ESTACIONAR
ZONA DE
REMOLCADO
DE COCHES

REMOLCADO
FORZOSO TODO
EL TIEMPO
ABSOLUTAMENTE
NO ESTACIONAR

NO
ESTACIONAR
ZONA DE
REMOLCADO
DE COCHES

San Antonio, Texas,
December 2020

NO ESTACIONAR
ZONA DE REMOLCADO DE
COCHES

NO ESTACIONAR
vehículos no autorizados serán
remolcados a expensas del
propietario.

NO ESTACIONAR

NO ESTACIONAR
vehículos no autorizados serán
remolcados a expensas del
propietario

NO ESTACIONAR
en ningún momento
Entrada activa 24 hs
Infractores serán remolcados a
su propia expensa

Brooklyn, NYC,
April 2018

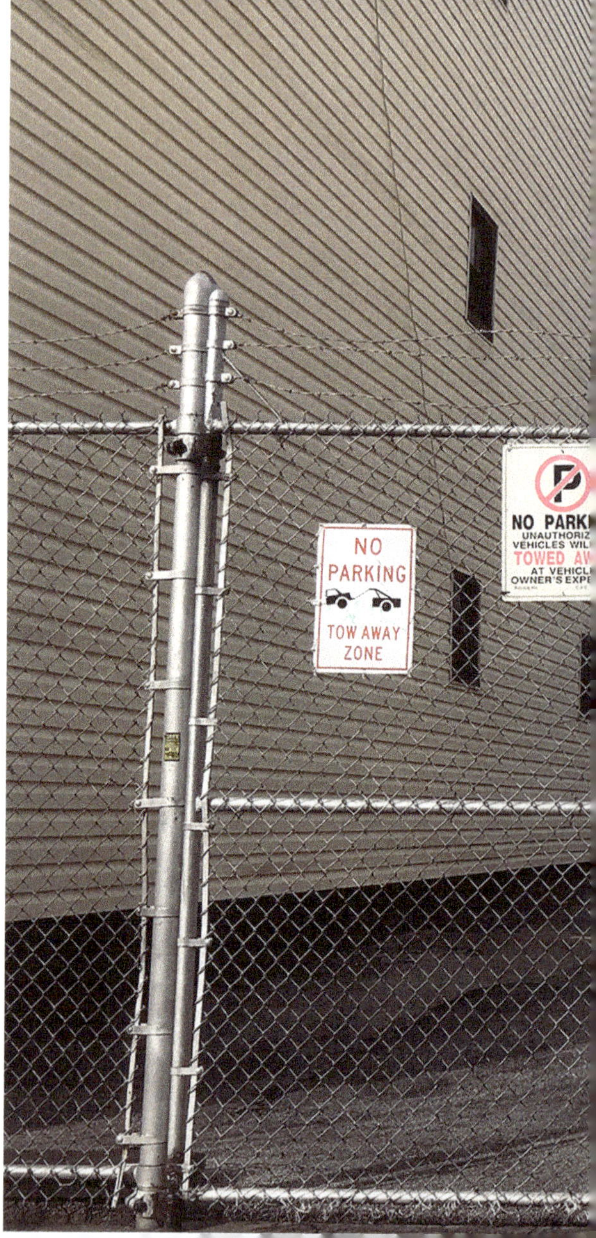

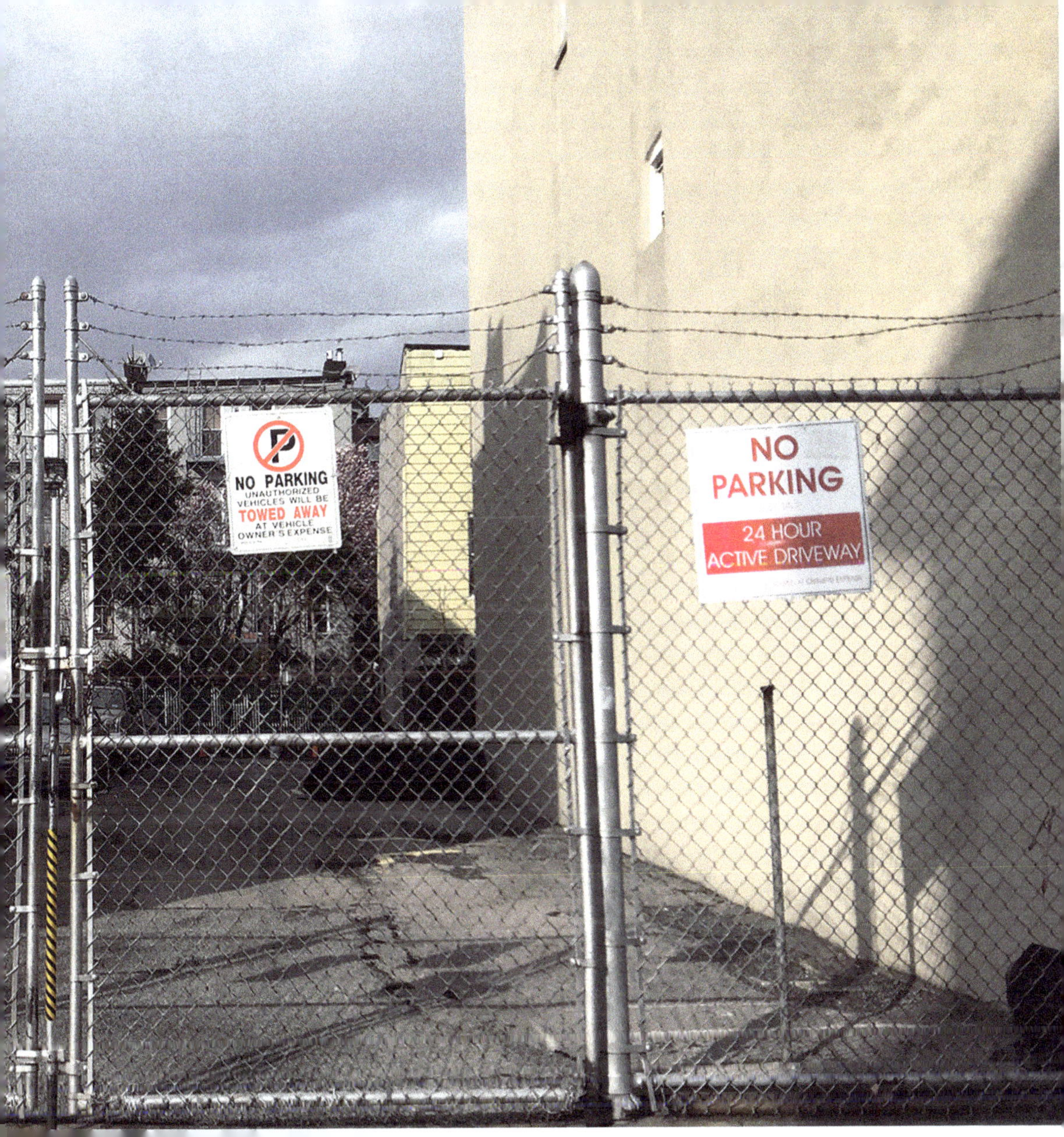
NO PARKING
UNAUTHORIZED
VEHICLES WILL BE
TOWED AWAY
AT VEHICLE
OWNER'S EXPENSE
NO
PARKING
24 HOUR
ACTIVE DRIVEWAY

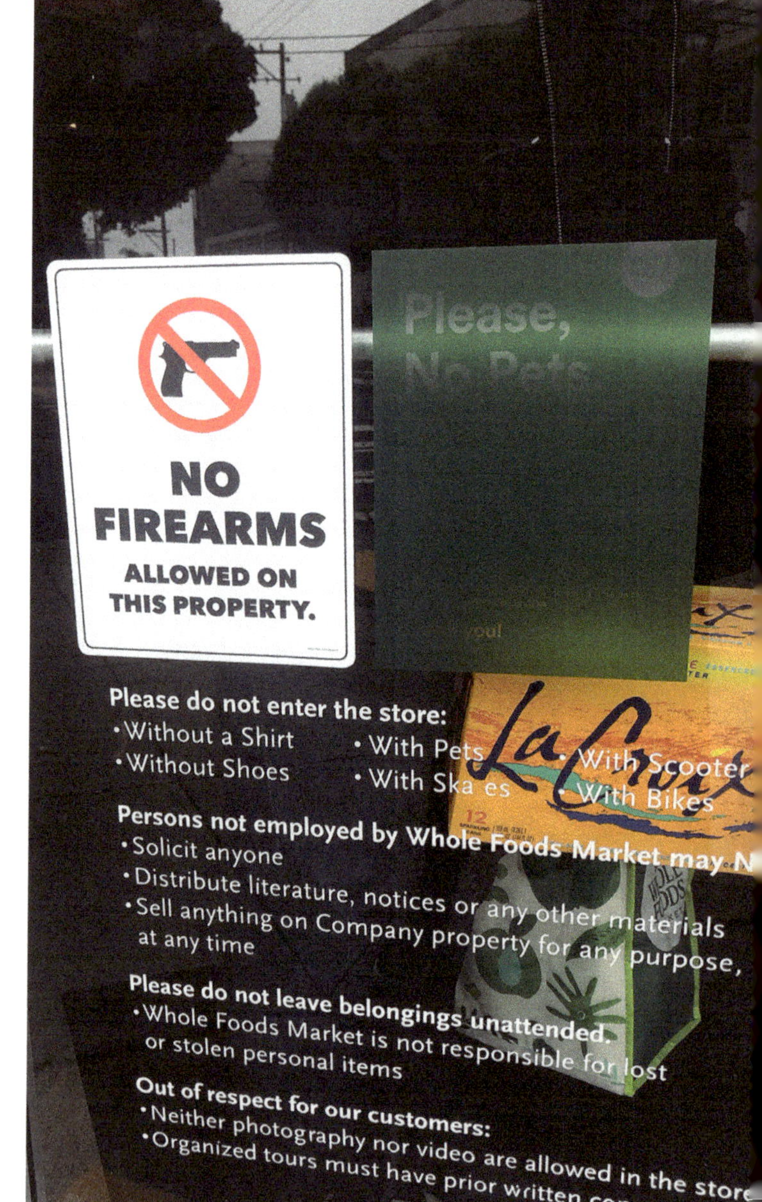

San Francisco, California,
August 2019

NO ARMAS DE FUEGO
permitidas en
esta propiedad

POR FAVOR
NO MASCOTAS

POR FAVOR NO INGRESAR A LA TIENDA:
SIN CAMISA
SIN ZAPATOS
CON MASCOTAS
CON SKATES
CON MONOPATINES
CON BICICLETAS

PERSONAS NO EMPLEADAS POR W.F.M. NO
DEBEN:
MENDIGAR
DISTRIBUIR LITERATURA, NOTICIAS O NINGÚN
OTRO MATERIAL
VENDER NADA EN LA PROPIEDAD DE LA
COMPAÑÍA PARA NINGÚN PROPÓSITO EN
NINGÚN MOMENTO

POR FAVOR NO DEJE SUS PERTENENCIAS
DESATENDIDAS
WFM NO ES RESPONSABLE POR PÉRDIDA O
ROBO DE OBJETOS PERSONALES

POR RESPETO A NUESTROS CLIENTES:
NI FOTOGRAFÍA NI VIDEO SON PERMITIDOS
EN LA TIENDA
TOURS ORGANIZADOS DEBEN TENER
CONSENTIMIENTO PREVIO

NO HARAGANEAR

San Francisco,
August 2019

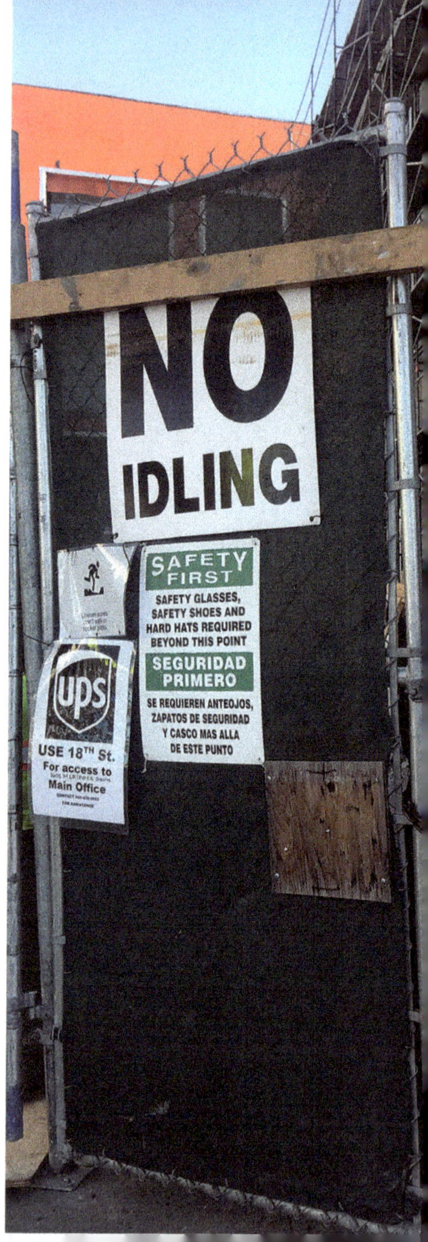

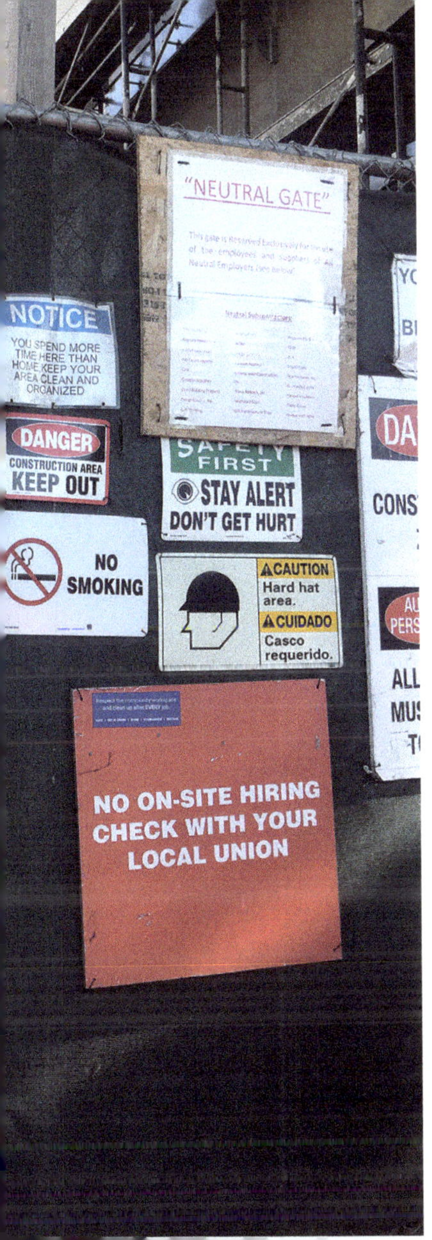

MANTÉNGASE ALERTA
NO SE LASTIME

NO FUMAR

NO SE CONTRATA EN EL LUGAR
CONSULTE CON SU SINDICATO LOCAL

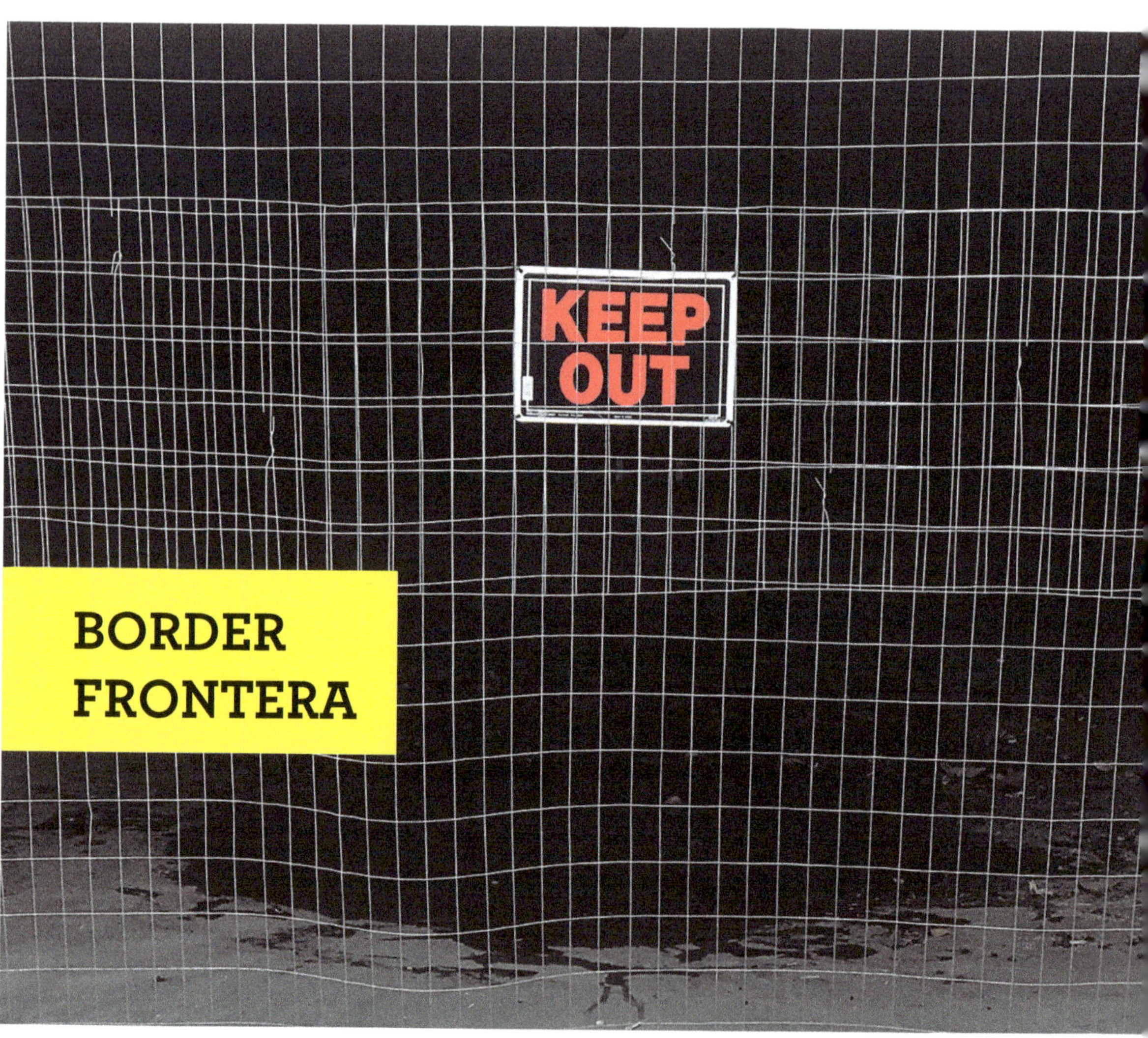

BORDER
FRONTERA

Perhaps one of the biggest misunderstandings of our time is taking the political boundary of a country as its border. It is not a naïve misunderstanding, even though we certainly are naïve when we say that a certain country is bordered to the north by another country, taking a river or the highest point of a mountain range as the agreed limit.
Limits -frontiers-, those lines that cross maps in school manuals, hide the blood that once traced them. They are representative of an oblivion based upon the relationship between two states. Borders are, somehow, those lines, only without oblivion: they are always there, lying in wait.

They are the actualization of a movement of strategic forces.

The targets of those strategic forces are real bodies, living bodies.
Moreover, the border is more than a concept. It is a mobile force, and its familiarity with the line is only a formal one.
The Border lives in an accent, runs through the skins melanin; it's in culture.
We could find a border in a word. Borders upgrade themselves with more power at petrol stations, bus stations, airports, at night, in courtrooms, in hospitals, on passports.

The welcome sign at the airport is a warning, actually.

To some people, a border is a twenty-feet long threshold; to others, it is the beginning of a never-ending path.

Una de las grandes confusiones de nuestro tiempo es la que imagina que los límites políticos de los Estados nacionales son las fronteras. No es una confusión ingenua, aunque pequemos de ingenuos cuando decimos que tal país limita al norte con tal otro, tomando el punto más alto de una cadena montañosa como límite acordado. Los límites, esas líneas que atraviesan los mapas de los manuales, esconden la sangre que los trazaron. Son la representación de un olvido fundante en las relaciones entre los Estados.

Las fronteras son esas líneas pero sin olvido, la constante actualización de un movimiento de fuerzas estratégicas.
El objeto de esa actualización fronteriza son los cuerpos concretos, vivos.

La frontera más que un concepto es una fuerza móvil cuyo parentesco con la línea divisoria sólo es formal.

La frontera se desplaza en el acento, en la piel, en la cultura.
Puede aparecer una frontera en una palabra. Las fronteras se actualizan con más fuerza en las comisarías, en las estaciones de trenes, en las noches, en los juzgados, en los hospitales, en los pasaportes, en los aeropuertos.

El cartel que nos da la bienvenida al bajar del avión es una advertencia.

Para algunos es un umbral de veinte o treinta metros, para otros, es el inicio del país entero como una frontera.

MANTÉNGASE AFUERA

Santa Monica, California,
March 2018

NO PERMITIDO MEZCLARSE
ENTRE PASAJEROS INTERNACIONALES Y LOCALES

Empleados de las Aerolíneas son responsables
de prevenir la mezcla de pasajeros
La mezcla de pasajeros lleva una multa de usd 1000
por pasajero/incidente impuesto por la Aduana
y Protección de Fronteras de EEUU por Código de
Regulaciones Federales de EEUU

LAX
(Los Angeles Airport),
June 2019

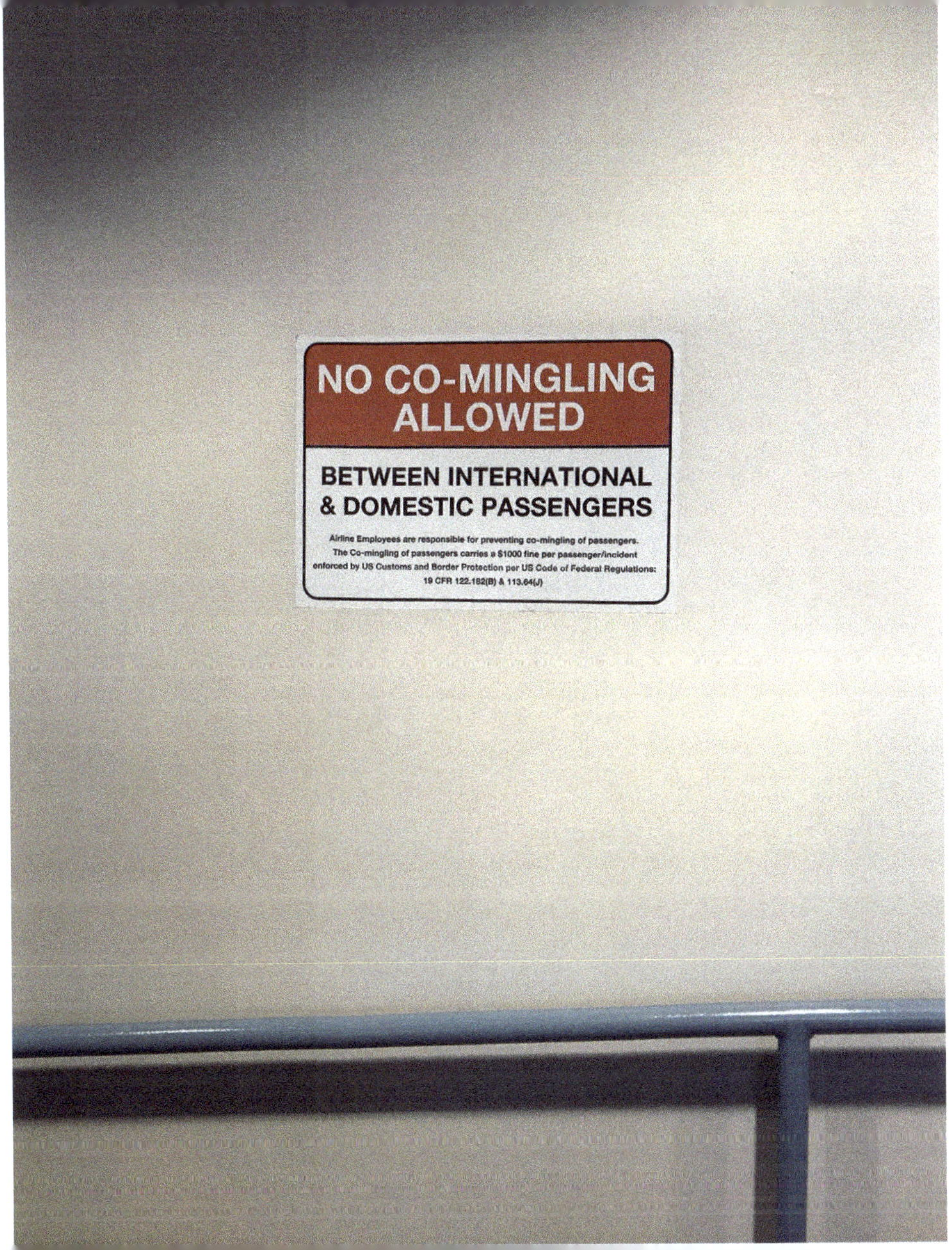

NO CO-MINGLING
ALLOWED
BETWEEN INTERNATIONAL
& DOMESTIC PASSENGERS
Airline Employees are responsible for preventing co-mingling of passengers.
The Co-mingling of passengers carries a $1000 fine per passenger/incident
enforced by US Customs and Border Protection per US Code of Federal Regulations:
19 CFR 122.182(B) & 113.64(J)

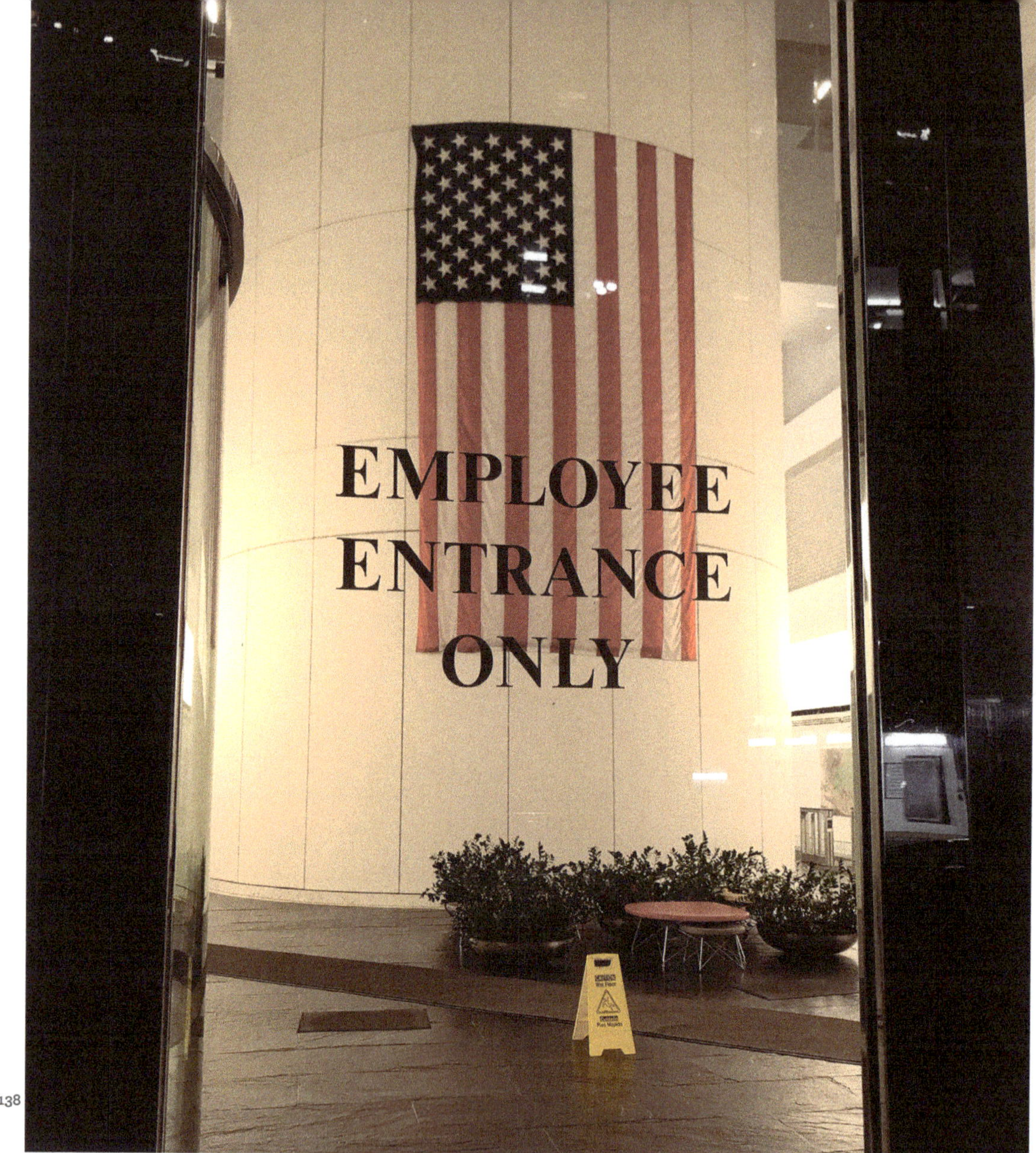
EMPLOYEE
ENTRANCE
ONLY

INGRESO
PARA
EMPLEADOS
ÚNICAMENTE

EMPLOYEE ~~ENTRANCE~~ ONLY
EMPLOYEE (AMERICAN) ONLY

Manhattan, NYC,
April 2018

ADVERTENCIA
No ingresar
Esta propiedad privada
está asegurada por guardias virtuales
con respuesta inmediata
Los infractores serán
llevados a juicio

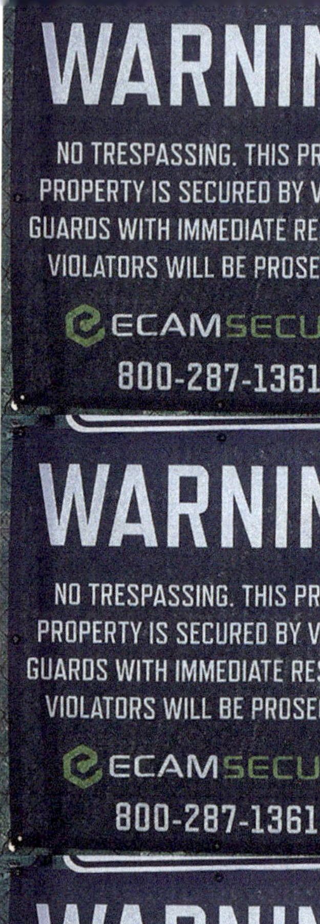

Santa Monica,
March 2018

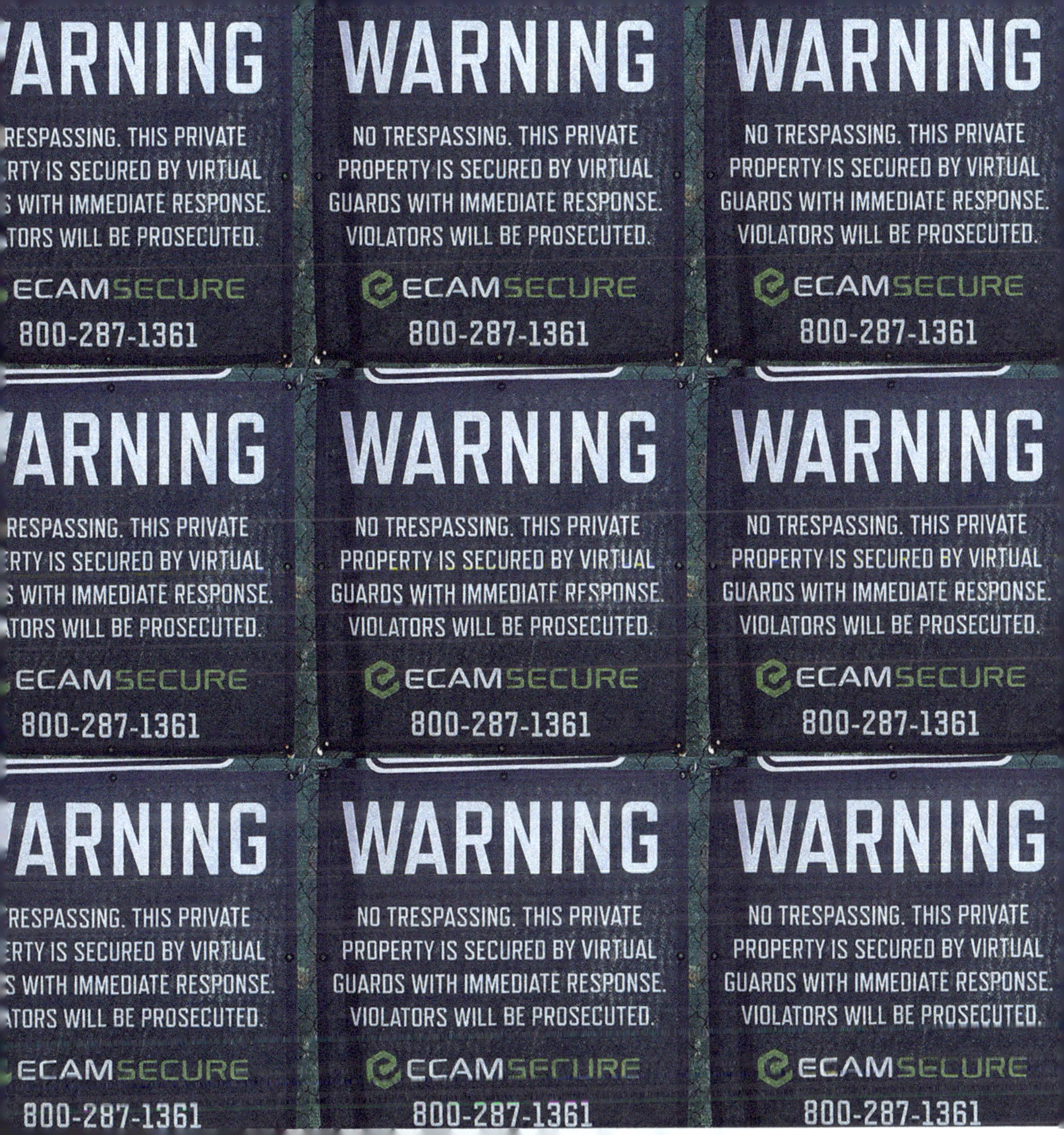

ARNING

RESPASSING. THIS PRIVATE
ERTY IS SECURED BY VIRTUAL
S WITH IMMEDIATE RESPONSE.
TORS WILL BE PROSECUTED.

ECAMSECURE

800-287-1361

WARNING

NO TRESPASSING. THIS PRIVATE
PROPERTY IS SECURED BY VIRTUAL
GUARDS WITH IMMEDIATE RESPONSE.
VIOLATORS WILL BE PROSECUTED.

ECAMSECURE

800-287-1361

WARNING

NO TRESPASSING. THIS PRIVATE
PROPERTY IS SECURED BY VIRTUAL
GUARDS WITH IMMEDIATE RESPONSE.
VIOLATORS WILL BE PROSECUTED.

ECAMSECURE

800-287-1361

ARNING

RESPASSING. THIS PRIVATE
ERTY IS SECURED BY VIRTUAL
S WITH IMMEDIATE RESPONSE.
TORS WILL BE PROSECUTED.

ECAMSECURE

800-287-1361

WARNING

NO TRESPASSING. THIS PRIVATE
PROPERTY IS SECURED BY VIRTUAL
GUARDS WITH IMMEDIATE RESPONSE.
VIOLATORS WILL BE PROSECUTED.

ECAMSECURE

800-287-1361

WARNING

NO TRESPASSING. THIS PRIVATE
PROPERTY IS SECURED BY VIRTUAL
GUARDS WITH IMMEDIATE RESPONSE.
VIOLATORS WILL BE PROSECUTED.

ECAMSECURE

800-287-1361

ARNING

RESPASSING. THIS PRIVATE
ERTY IS SECURED BY VIRTUAL
S WITH IMMEDIATE RESPONSE.
TORS WILL BE PROSECUTED.

ECAMSECURE

800-287-1361

WARNING

NO TRESPASSING. THIS PRIVATE
PROPERTY IS SECURED BY VIRTUAL
GUARDS WITH IMMEDIATE RESPONSE.
VIOLATORS WILL BE PROSECUTED.

ECAMSECURE

800-287-1361

WARNING

NO TRESPASSING. THIS PRIVATE
PROPERTY IS SECURED BY VIRTUAL
GUARDS WITH IMMEDIATE RESPONSE.
VIOLATORS WILL BE PROSECUTED.

ECAMSECURE

800-287-1361

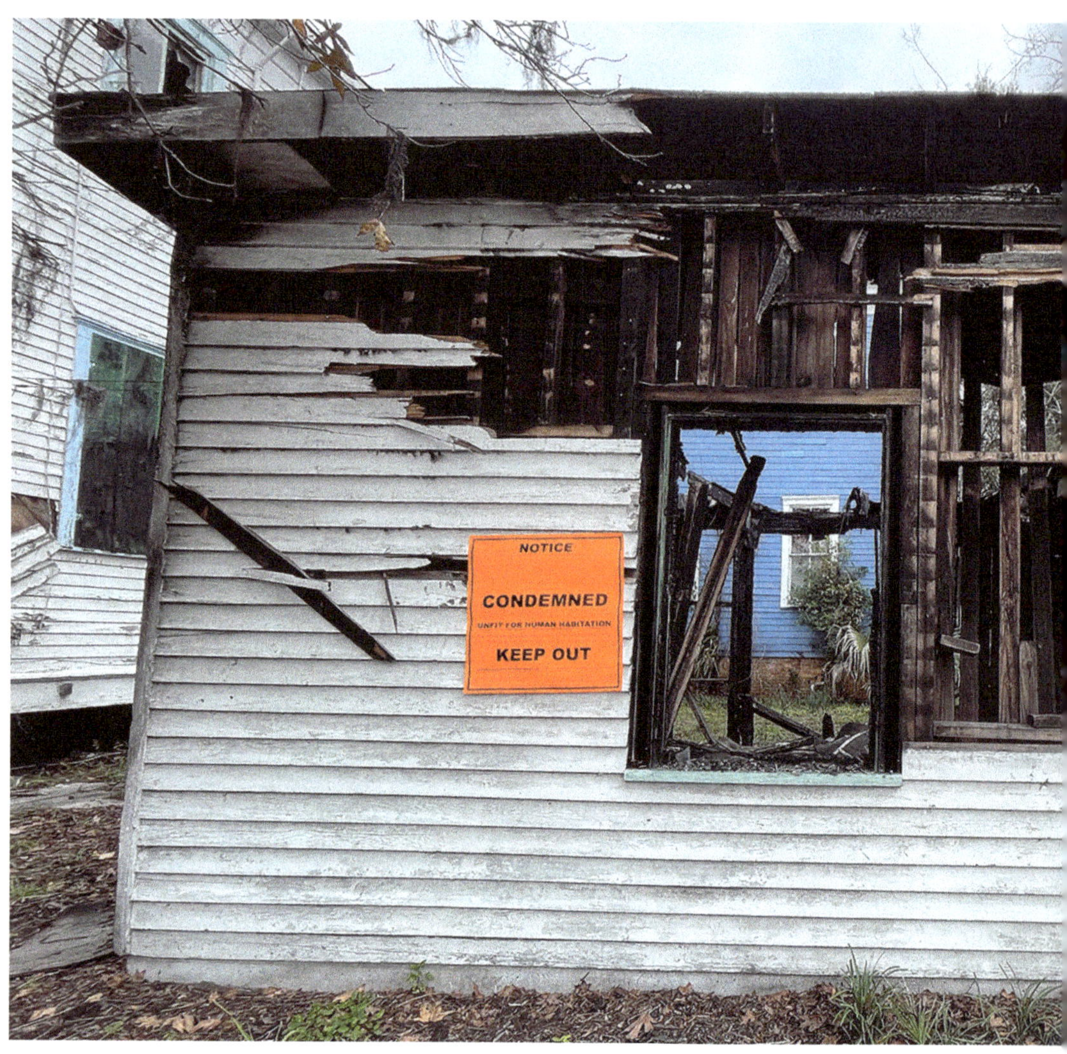
NOTICE
CONDEMNED
UNFIT FOR HUMAN HABITATION
KEEP OUT

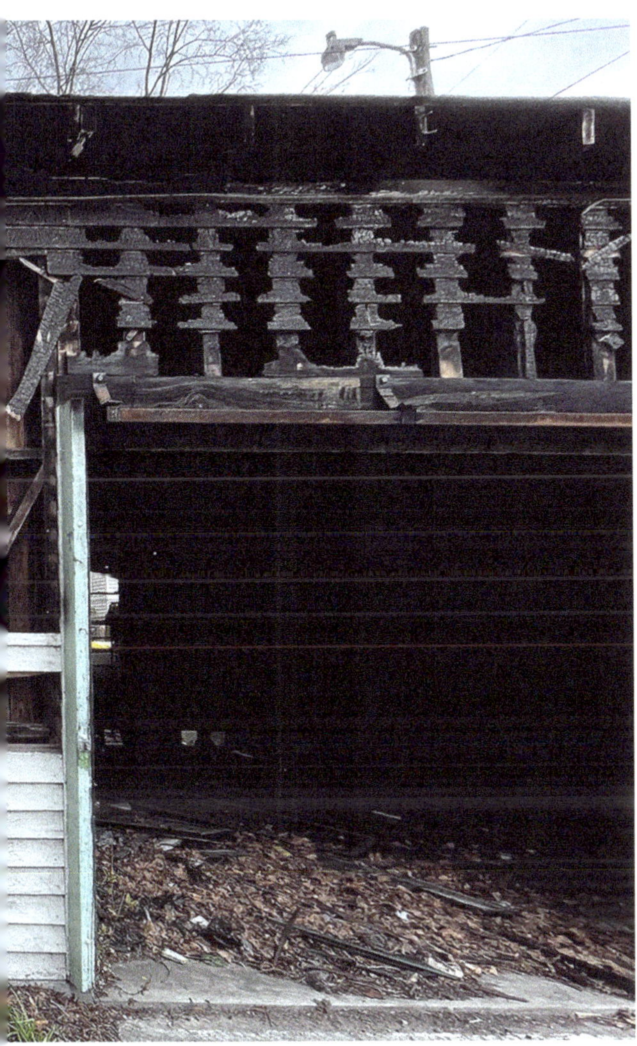

AVISO
CONDENADO
MANTÉNGASE AFUERA

Key West, Florida,
January 2021

NO INGRESAR
Esta área cierra después de horas
Invasores serán sujetos a arresto

Biloxi, Mississippi,
December 2020

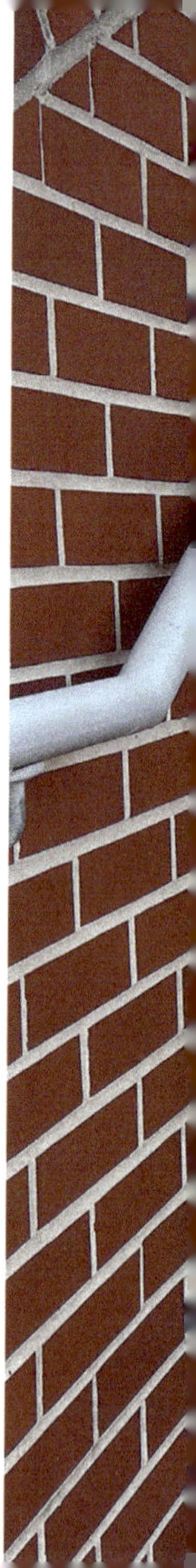

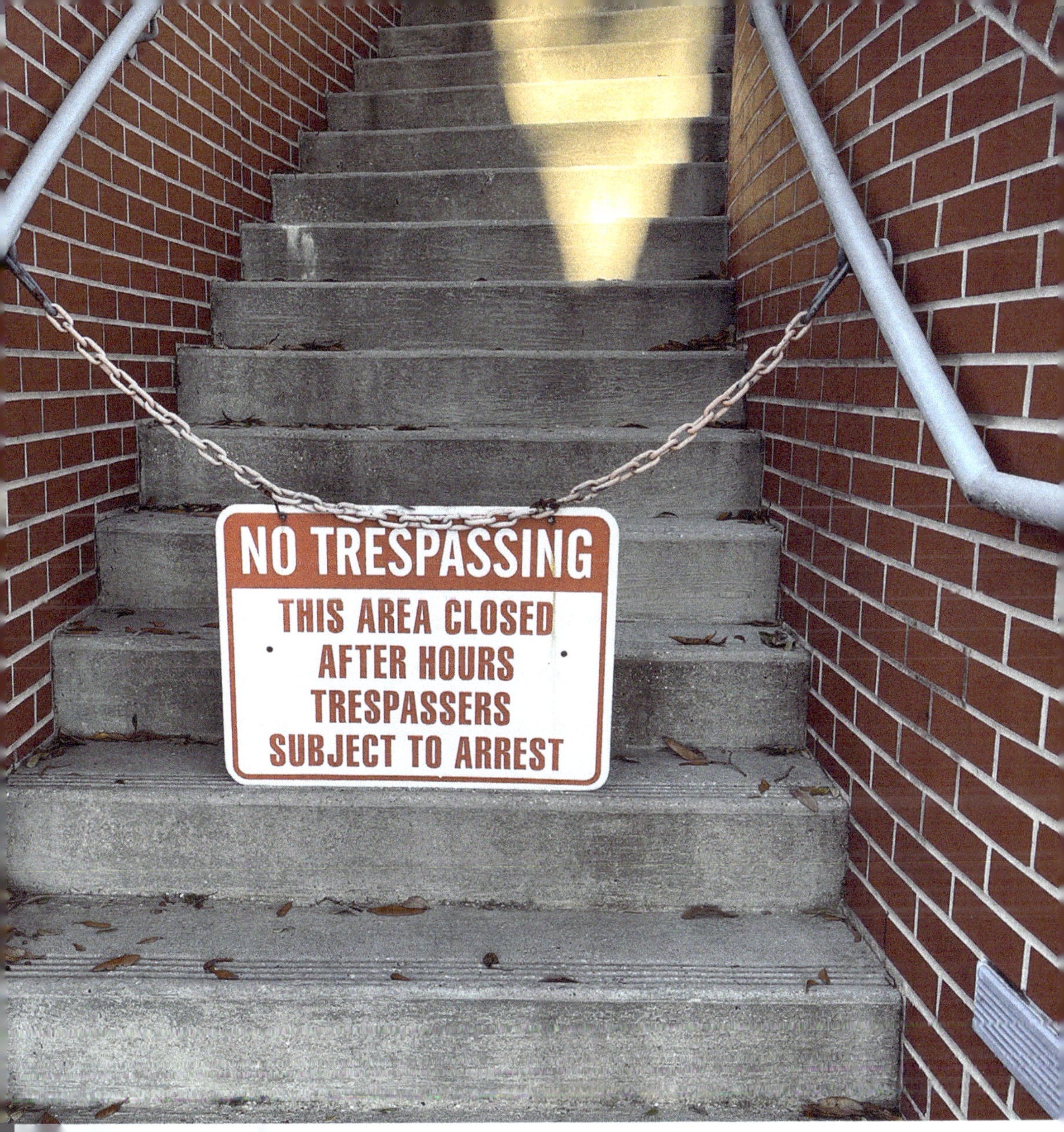
NO TRESPASSING
THIS AREA CLOSED
AFTER HOURS
TRESPASSERS
SUBJECT TO ARREST

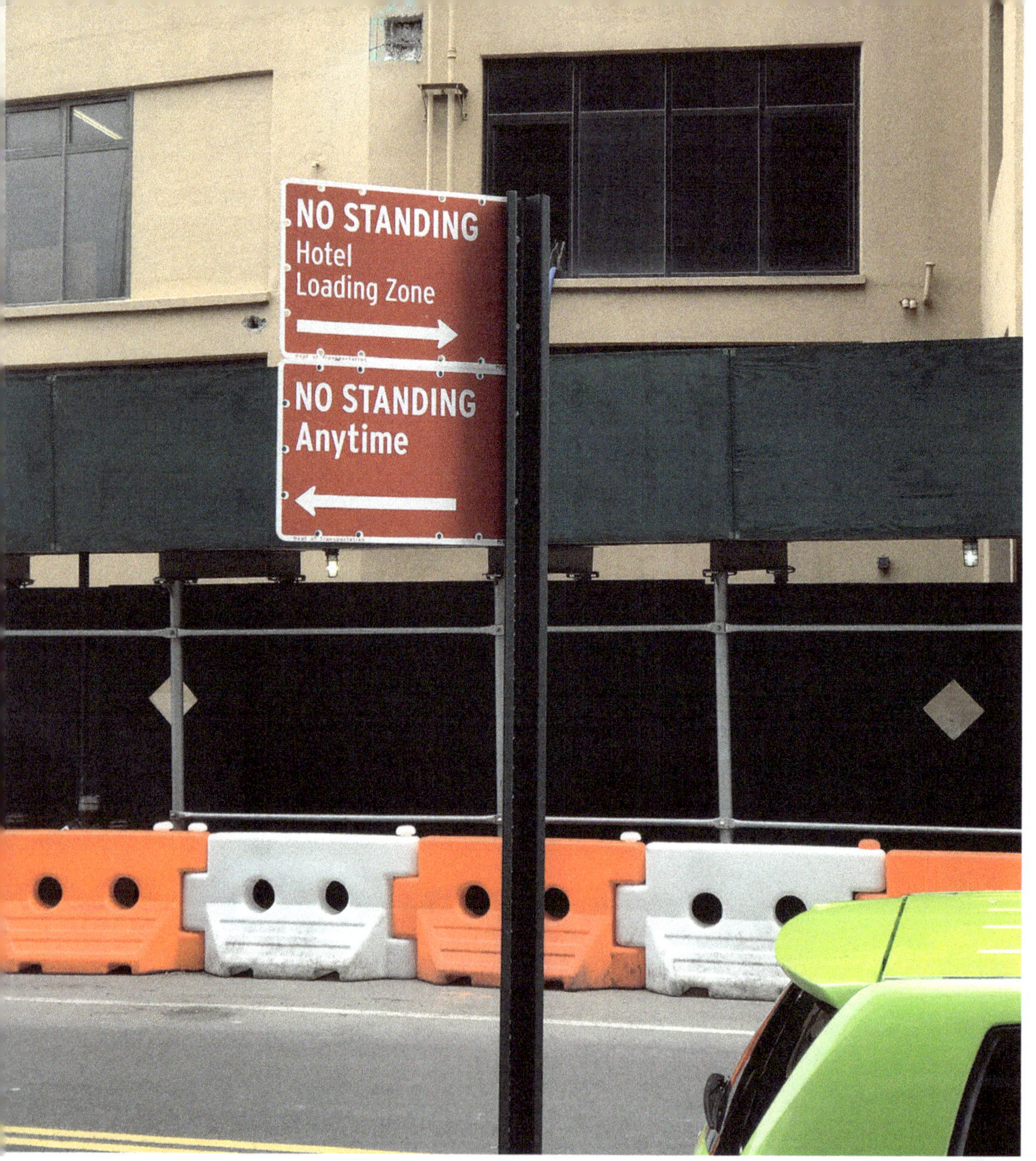
NO STANDING
Hotel
Loading Zone
NO STANDING
Anytime

NO PERMANECER
ZONA DE CARGA DE HOTEL

NO PERMANECER
EN NINGÚN MOMENTO

Dumbo, Brooklyn,
April 2018

“One side will make you grow taller, and the other side will make you grow shorter.”

Alice remained looking thoughtfully at the mushroom for a minute, trying to make out which were the two sides of it; and, as it was perfectly round, she found this a very difficult question.

Alice in Wonderland.

"Un lado te hará crecer y el otro lado te encogerá."
Alicia permaneció un minuto contemplando el hongo muy pensativa, tratando de discernir cuáles eran los dos lados. Al ser completamente redondo, le resultaba muy difícil resolver la cuestión.

Alicia en el país de las maravillas.

NO COLOCAR PUBLICIDADES
NO SOLICITADAS EN ESTA PROPIEDAD

Greenpoint NYC,
April 2018

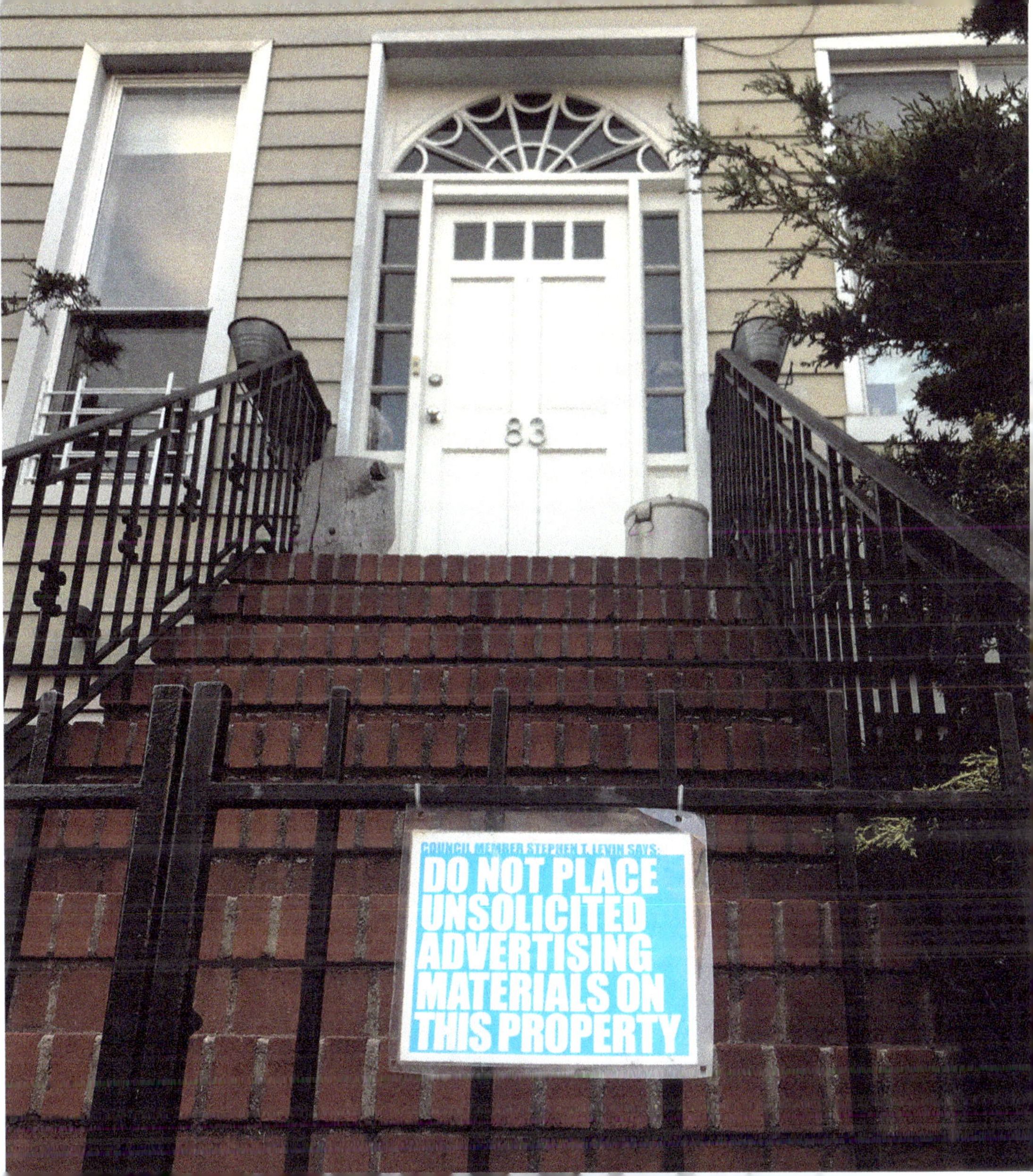
83
COUNCIL MEMBER STEPHEN T. LEVIN SAYS:
DO NOT PLACE
UNSOLICITED
ADVERTISING
MATERIALS ON
THIS PROPERTY

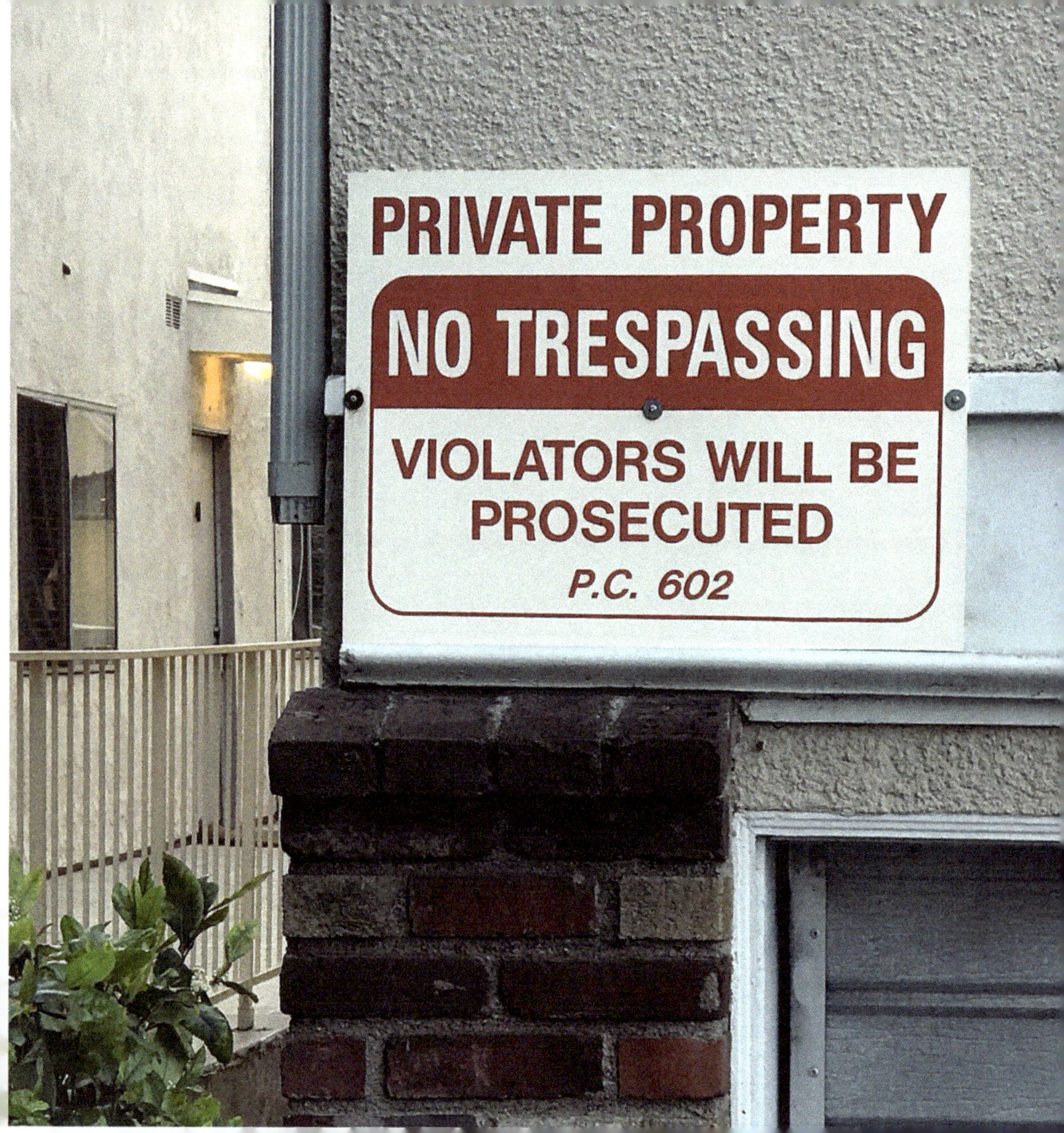
PRIVATE PROPERTY
NO TRESPASSING
VIOLATORS WILL BE
PROSECUTED
P.C. 602

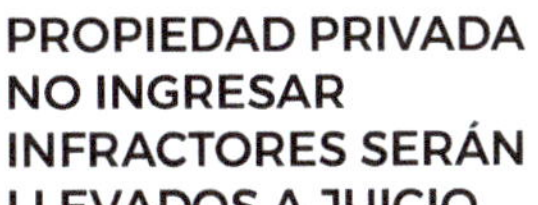

Los Angeles, California,
March 2018

EPILOGUE

When we started to put the ideas in this book in black and white we were under lockdown. It didn't matter which country each of us were living in: we could have been neighbors and everything would have been exactly the same. We weren't allowed to see each other, we weren't allowed to hug each other. Coronavirus had come to visit us and had caught our bodies. There was just far away love, far away family, not a plane in the sky.
The Visitation had stripped us of our touch and our breath. The pandemic had done its job. It was just the same to be here or there, or elsewhere.
No, it was not the same.
After the first deaths, new neighbors came to our apartment building. They stepped on our lawns, they taught their children to ride bikes on our streets. They all respected social distancing. We had never made much use of that communal space but now that the frontiers had been closed, our home was taking new possession of our forgotten land.
So, as they passed by, we began to wonder what we should do about those people that were overrunning our lawn, our property, our sovereignty. We gathered on Facebook, up in arms. We thought about calling the police, but ended up settling for telling them to go back to their home. Afterall, they were invading our territory!
What would happen if the foreign children fell off their bike on our property and broke their skull?
Who would pay for the hospital bill or the flowers at the funeral?
But it wasn't necessary to call anyone, it wasn't necessary to say anything at all.
We suddenly recalled a sign hanging on the entry to our property, warning:

PRIVATE PROPERTY. NO TRESPASSING.

Were anything to have happened, they would have been warned; we would have been warned, too.
Ironically, at last, the circumstances gave new relevance to that forgotten, rusty sign.
We finally regained our sleep.

EPÍLOGO

Cuando estábamos comenzando a delinear este libro, la pandemia del COVID-19 cayó sobre nosotros y nos encerró. No importaba en qué ciudad o país estaba cada uno. Incluso podríamos haber sido vecinos de la misma cuadra, hubiera dado exactamente lo mismo: no podíamos vernos, no podíamos tocarnos, no podíamos abrazarnos. El coronavirus nos estaba visitando. Nuestros cuerpos quedaron capturados, las distancias turísticas, familiares y amorosas se prolongaron en el tiempo, el cielo se despejó de aviones y se nos privatizó el aire y la piel. La pandemia hizo lo suyo. Lo mismo daba estar en USA que en Argentina.

No, no daba lo mismo.

Durante las primeras muertes vimos nuevos vecinos en el barrio. Esta gente caminaba sobre nuestro césped y les enseñaba a sus niños a andar en bicicleta. Estos intrusos recién llegados respetaban, sin embargo, la distancia social.

Resultó curioso, porque nosotros nunca habíamos utilizado mucho esos jardines, nunca le habíamos dado importancia a los espacios verdes que median entre nuestras casas. Pero ahora que las fronteras estaban cerradas, nuestra patria cotidiana se comenzó a elastizar sobre nuestros dominios olvidados. Algo nuevo apareció...

Así que con el correr de los días nos comenzamos a preguntar qué hacer con esa gente que invadía nuestro césped, nuestra propiedad, nuestra nueva soberanía. Los vecinos nos reunimos en pie de guerra por Facebook: pensamos en llamar a la policía, pensamos en decirles que se fueran, que estaban en nuestro territorio.

¿Qué iba a pasar si la niña del extranjero se caía en los espacios verdes de nuestra propiedad y se rompía la cabeza? ¿Quién pagaría su hospital o las flores del funeral?

No hizo falta llamar a nadie, no hizo falta salir a decir nada.

De pronto recordamos que en la entrada de nuestra propiedad un cartel advertía que si algo sucedía, ellos ya habían sido avisados.

PROPIEDAD PRIVADA. NO INGRESAR.

Por fin la circunstancia le dio nuevos colores a ese cartel herrumbrado desde siempre.

Dormimos tranquilos.

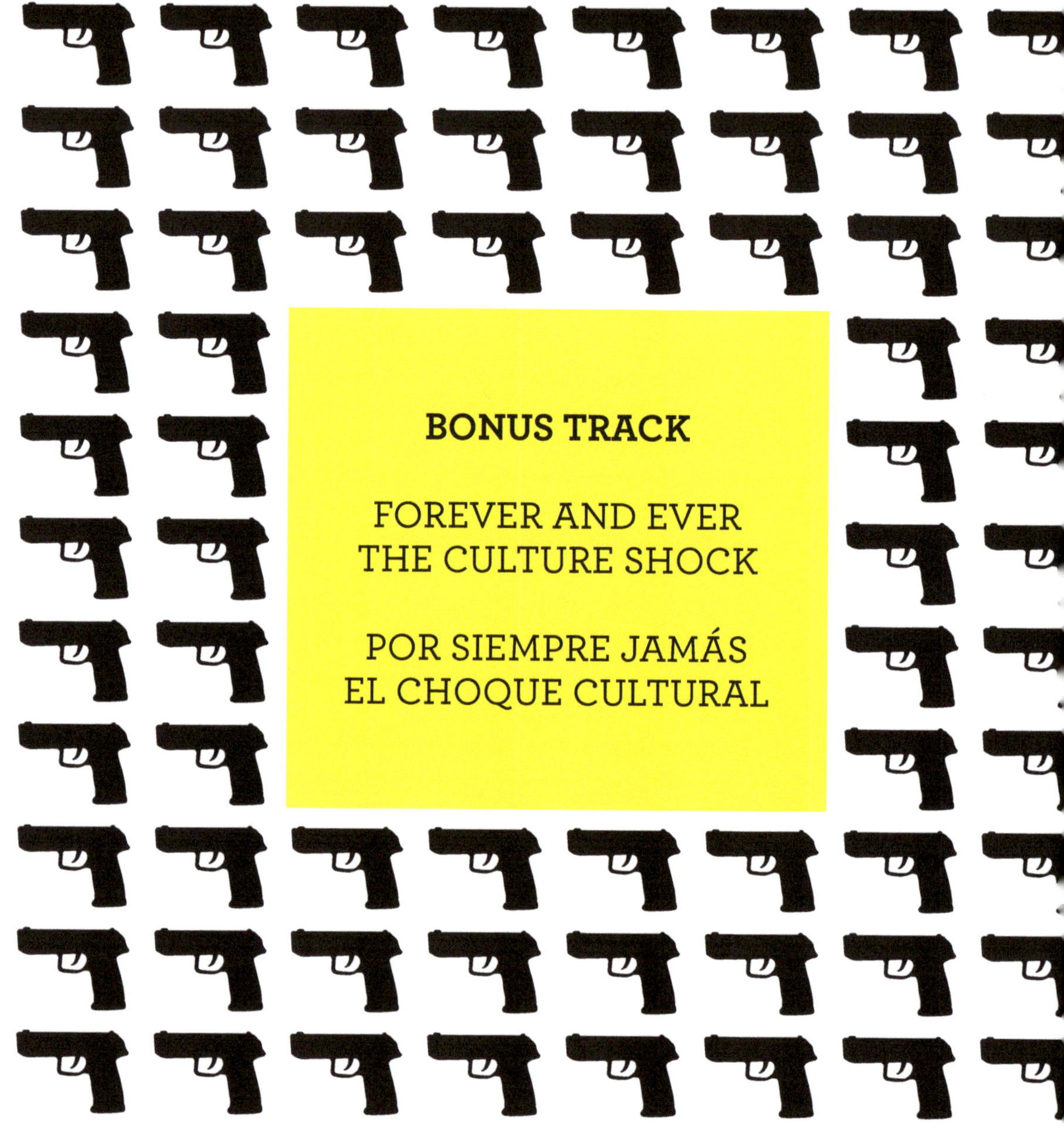

BONUS TRACK

FOREVER AND EVER
THE CULTURE SHOCK

POR SIEMPRE JAMÁS
EL CHOQUE CULTURAL

Culture shock is a sense of anxiety, depression, or confusion that results from being cut off from your familiar culture, environment, and norms when living in a foreign country or society. Those experiencing culture shock go through distinct phases of euphoria, discomfort, adjustment, and acceptance.

Choque cultural es un sentimiento de ansiedad, depresión, o confusión que resulta de estar desarraigado de tu cultura, ambiente y normas familiares cuando vives en un país o sociedad extranjera. Aquellos experimentando el choque cultural, pasan por diversas fases de euforia, incomodidad, ajuste y aceptación.

ADVERTENCIA
Armas de fuego prohibidas

Grand Canyon National Park, Arizona,
December 2020

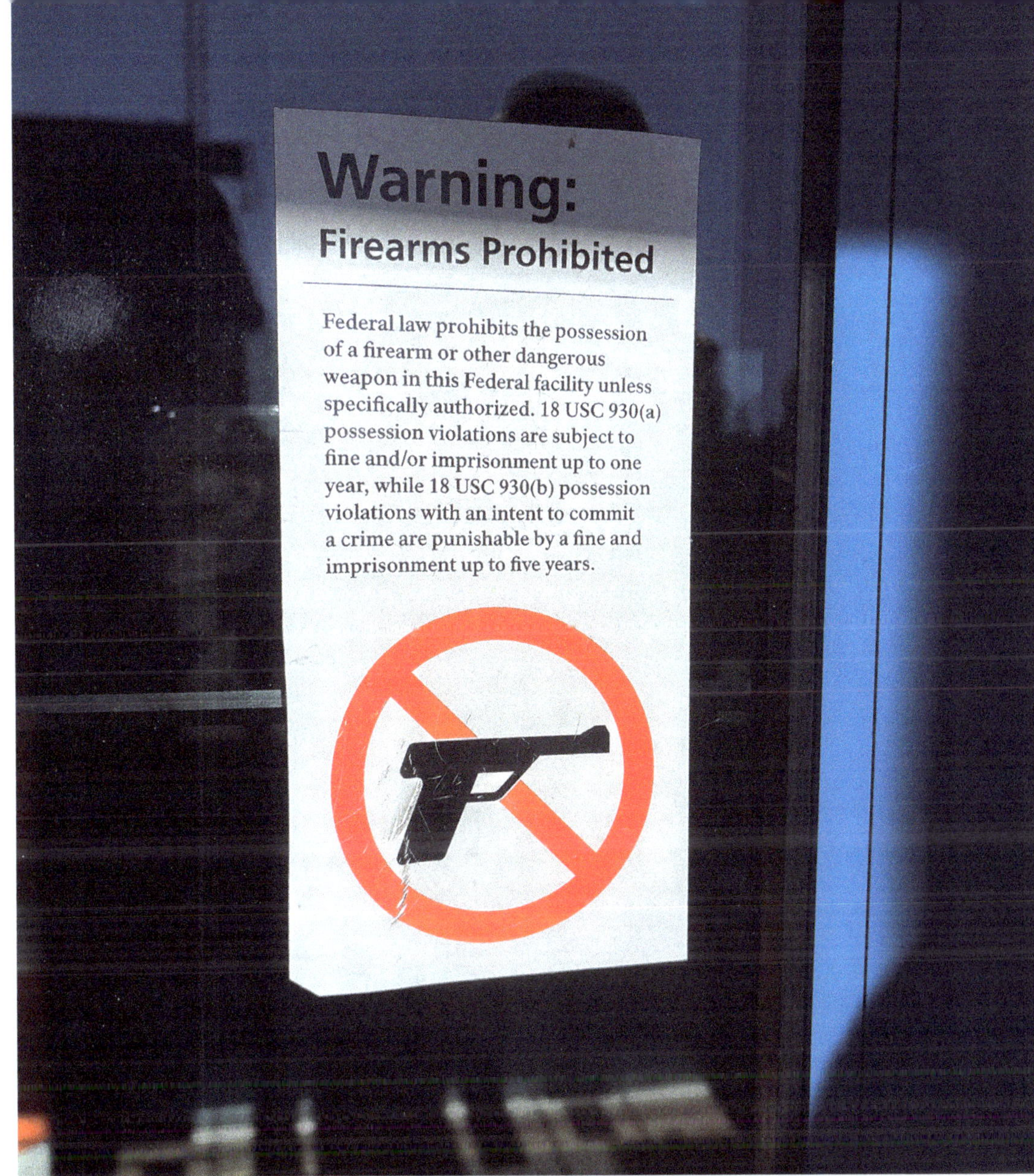
Warning:
Firearms Prohibited
Federal law prohibits the possession of a firearm or other dangerous weapon in this Federal facility unless specifically authorized. 18 USC 930(a) possession violations are subject to fine and/or imprisonment up to one year, while 18 USC 930(b) possession violations with an intent to commit a crime are punishable by a fine and imprisonment up to five years.

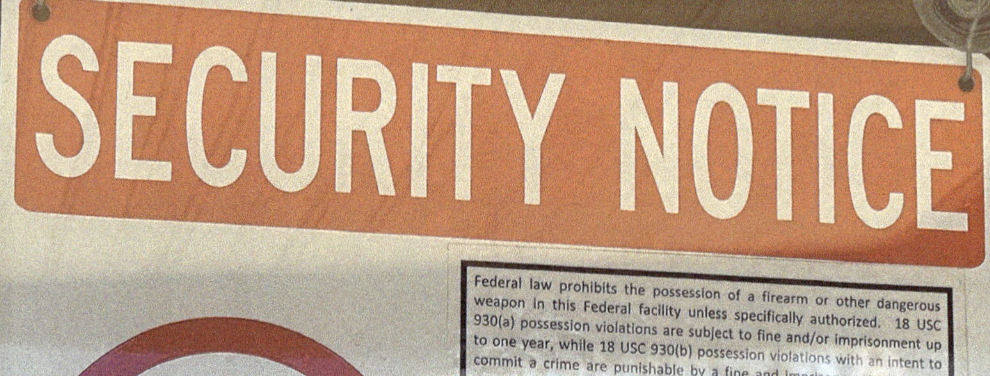
SECURITY NOTICE
Federal law prohibits the possession of a firearm or other dangerous
weapon in this Federal facility unless specifically authorized. 18 USC
930(a) possession violations are subject to fine and/or imprisonment up
to one year, while 18 USC 930(b) possession violations with an intent to
commit a crime are punishable by a fine and imprisonment up to five
years.
FIREARMS ARE
PROHIBITED IN
THIS FACILITY

AVISO DE SEGURIDAD

Las armas de fuego están prohibidas en estas instalaciones

Montezuma Castle National Park, Arizona,
December 2020

NO ARMAS DE FUEGO
PERMITIDAS EN ESTA
PROPIEDAD

MÁSCARAS REQUERIDAS

Arcosanti, Arizona,
December 2020

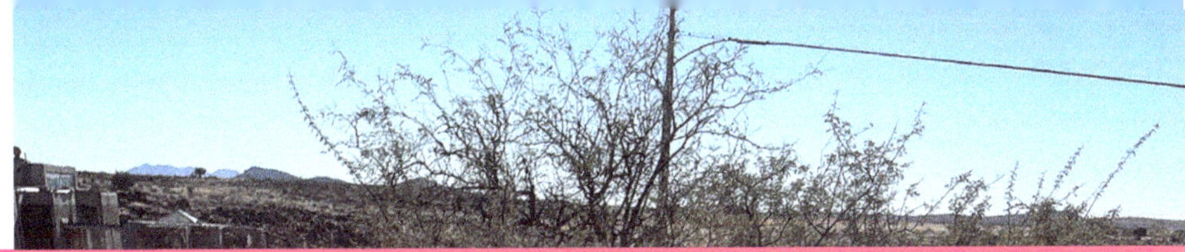

GREETINGS FROM THE PLAGUE YEAR III

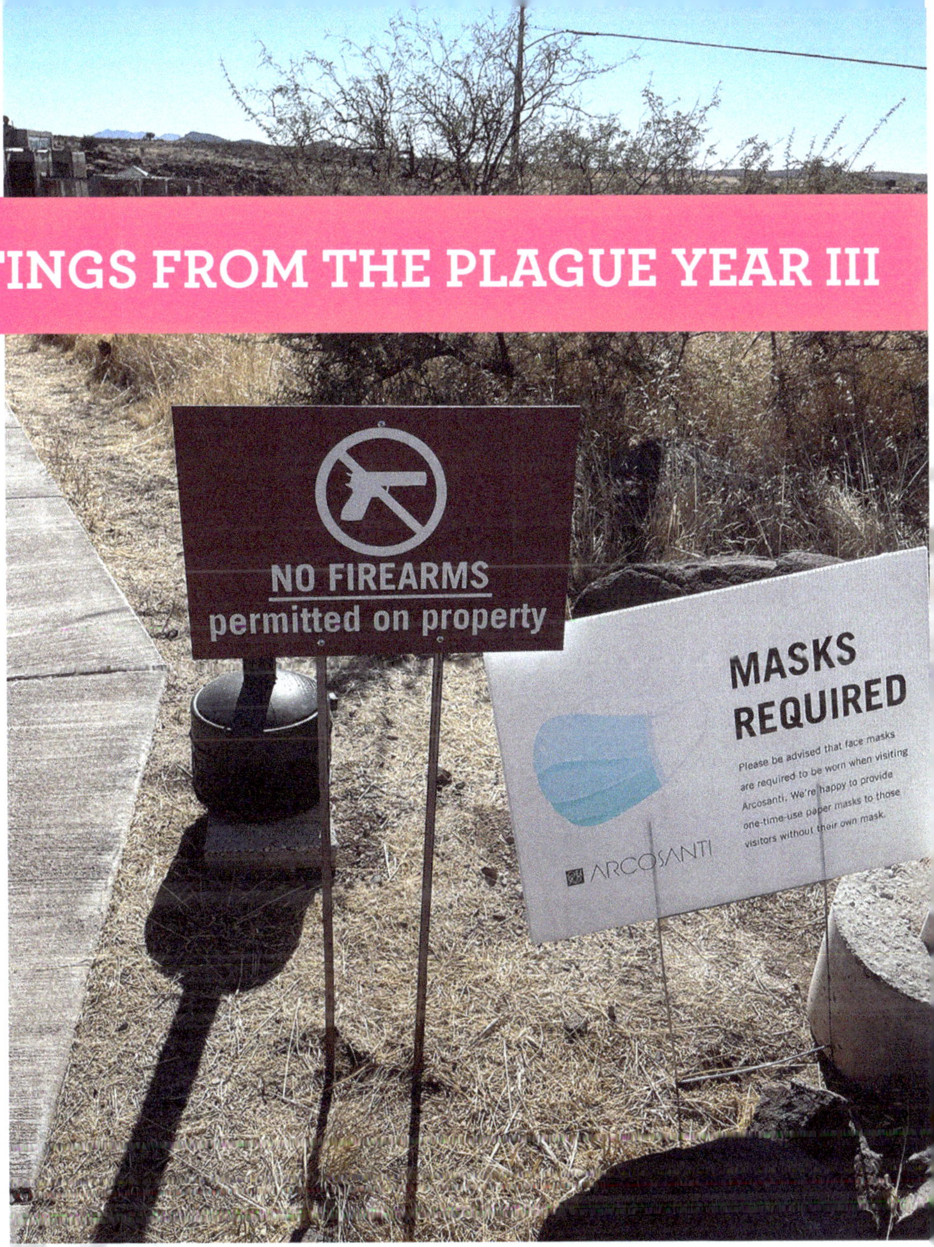

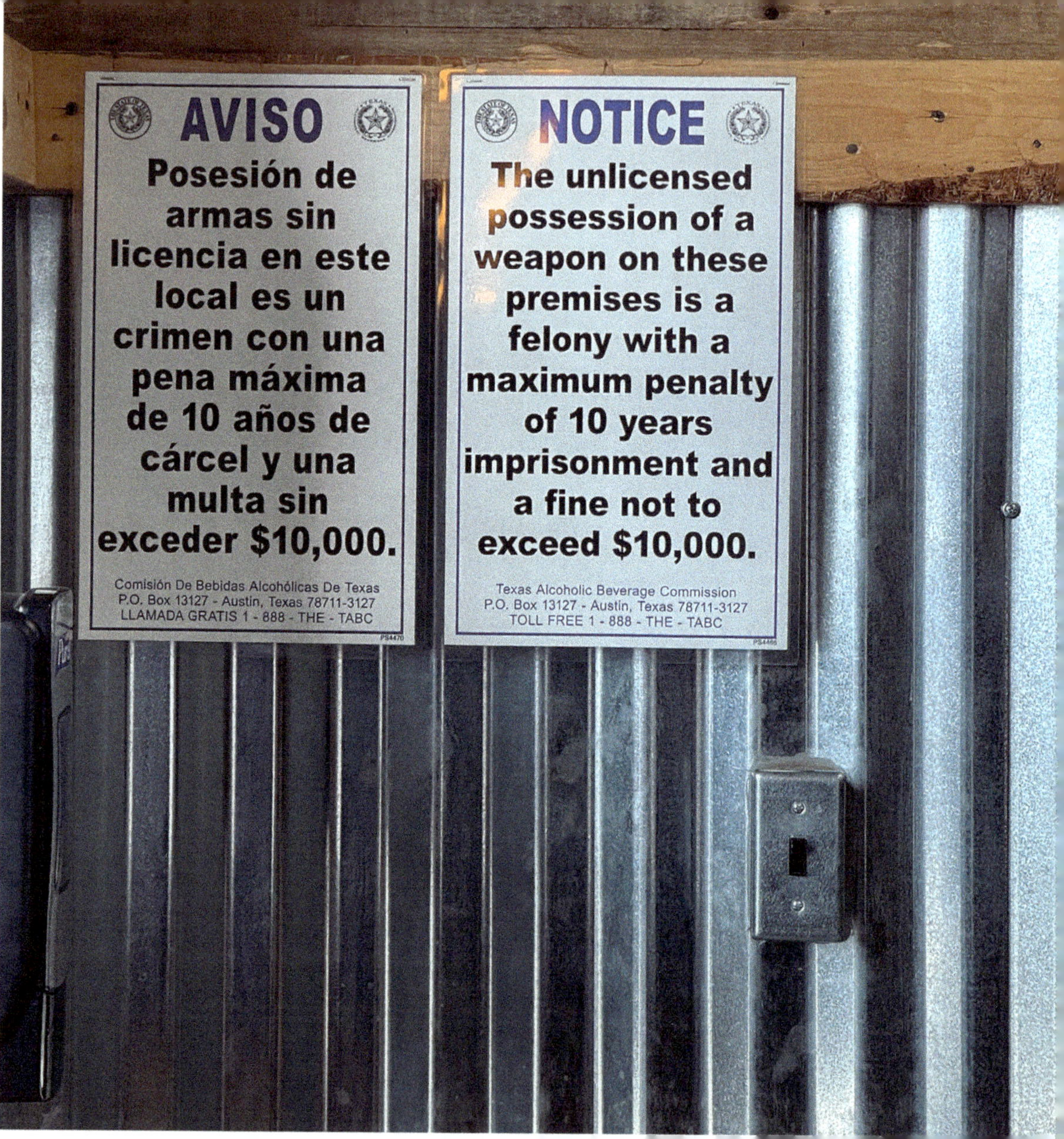
AVISO
Posesión de armas sin licencia en este local es un crimen con una pena máxima de 10 años de cárcel y una multa sin exceder $10,000.
Comisión De Bebidas Alcohólicas De Texas
P.O. Box 13127 - Austin, Texas 78711-3127
LLAMADA GRATIS 1 - 888 - THE - TABC
NOTICE
The unlicensed possession of a weapon on these premises is a felony with a maximum penalty of 10 years imprisonment and a fine not to exceed $10,000.
Texas Alcoholic Beverage Commission
P.O. Box 13127 - Austin, Texas 78711-3127
TOLL FREE 1 - 888 - THE - TABC

El Paso, Texas,
January 2021

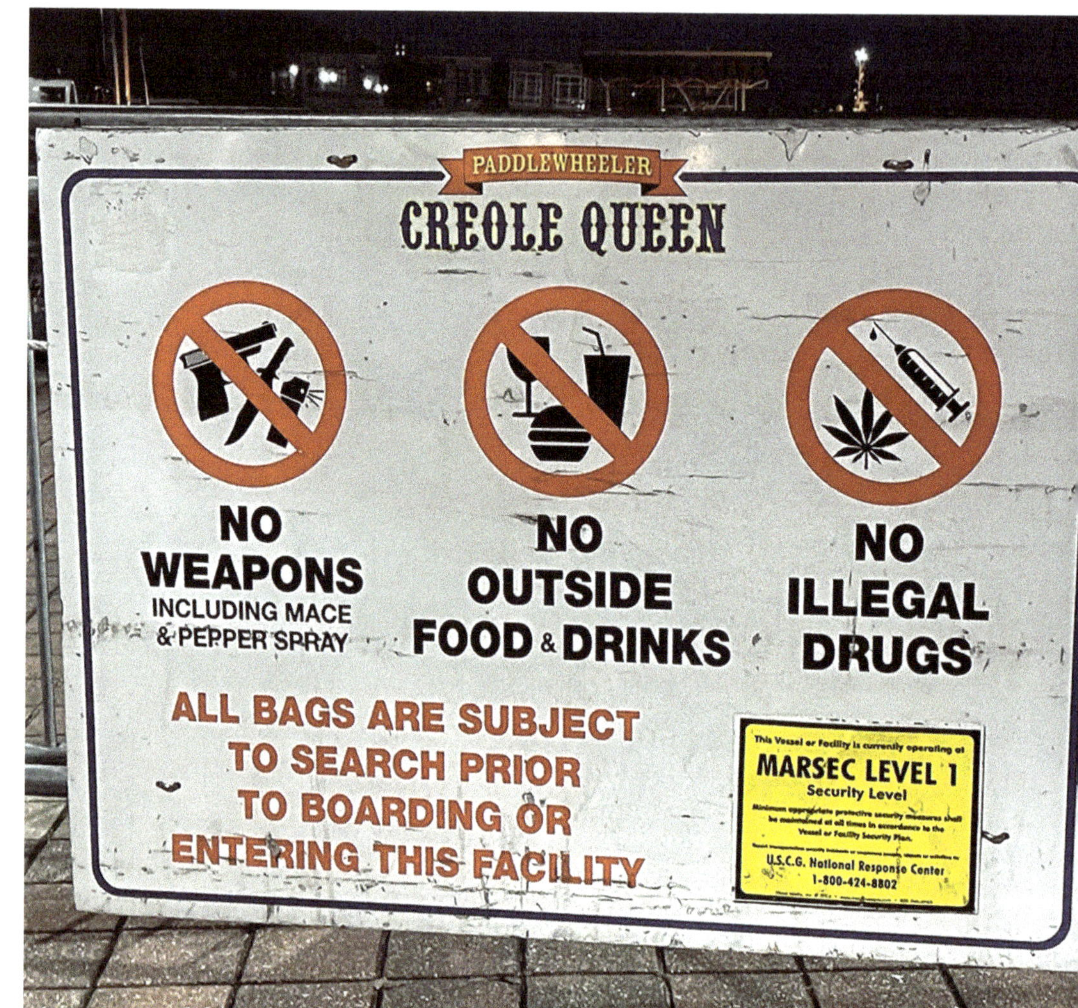
PADDLEWHEELER
CREOLE QUEEN
NO WEAPONS
INCLUDING MACE & PEPPER SPRAY
NO OUTSIDE FOOD & DRINKS
NO ILLEGAL DRUGS
ALL BAGS ARE SUBJECT TO SEARCH PRIOR TO BOARDING OR ENTERING THIS FACILITY
This Vessel or Facility is currently operating at
MARSEC LEVEL 1
Security Level
U.S.C.G. National Response Center
1-800-424-8802

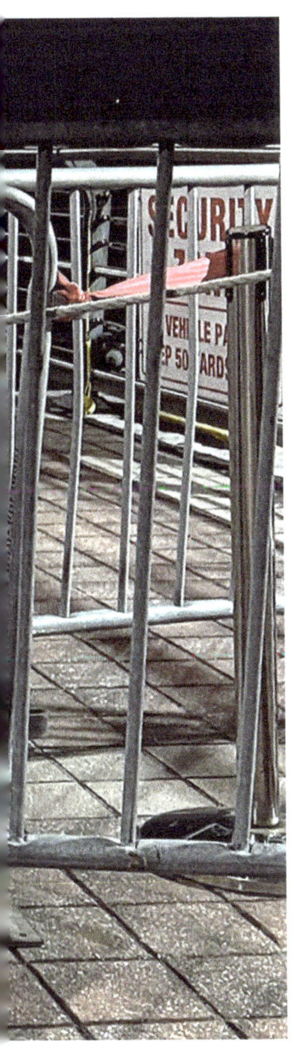

NO ARMAS
incluyendo
pulverizador y
spray de pimienta

NO COMIDA
NI BEBIDAS
EXTERNAS

NO DROGAS
ILEGALES

New Orleans,
December 2020

ARMAS Y PARTES DE ARMAS NO ESTÁN PERMITIDAS EN LOS CONTROLES DE SEGURIDAD
Las violaciones de armas de fuego pueden resultar en una multa civil de más de USD 13.000 y la descalificación de TSA Precheck

Baltimore Airport, Maryland,
December 2019

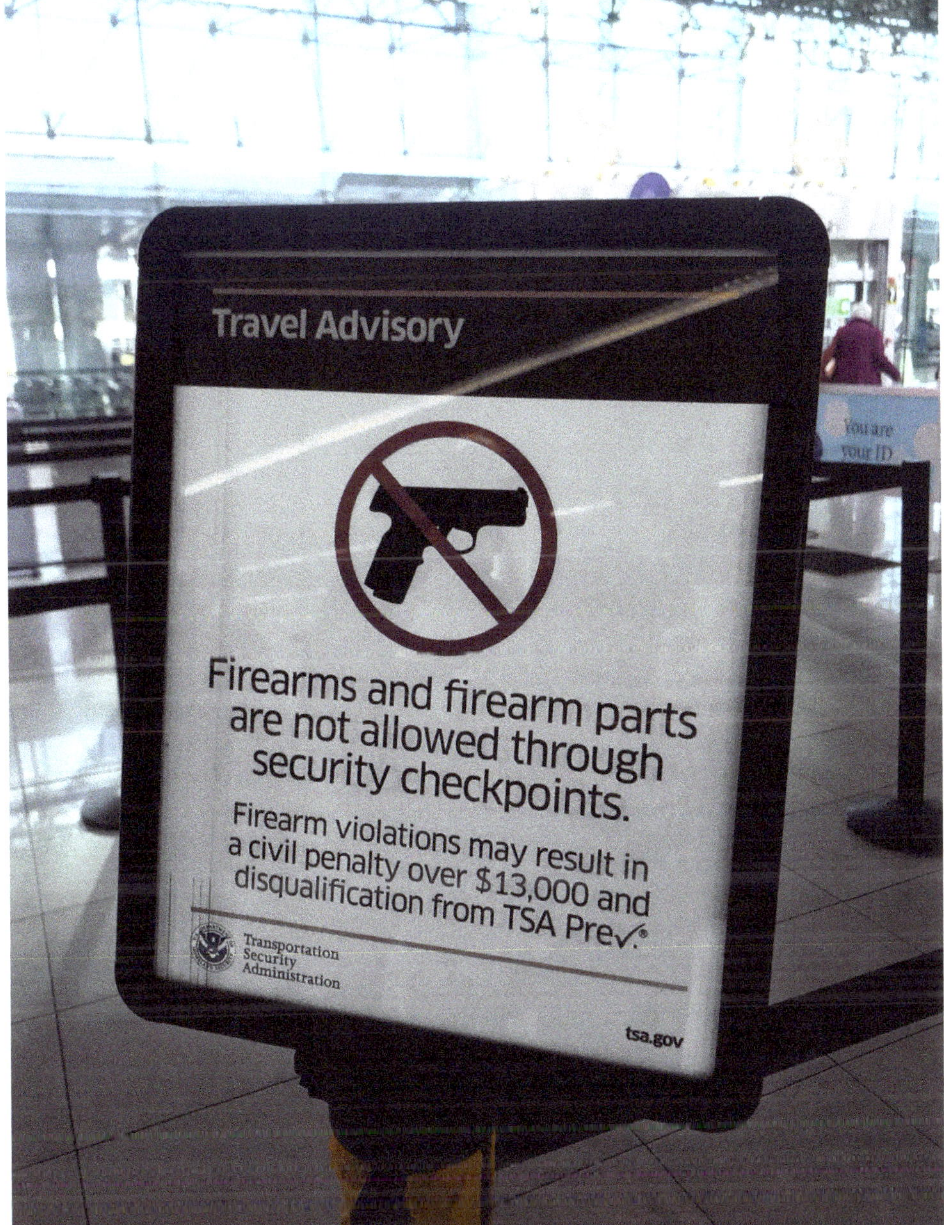
Travel Advisory
Firearms and firearm parts are not allowed through security checkpoints.
Firearm violations may result in a civil penalty over $13,000 and disqualification from TSA Pre✓®
Transportation Security Administration
tsa.gov

Photos/Fotos
MERCEDES ARTURO

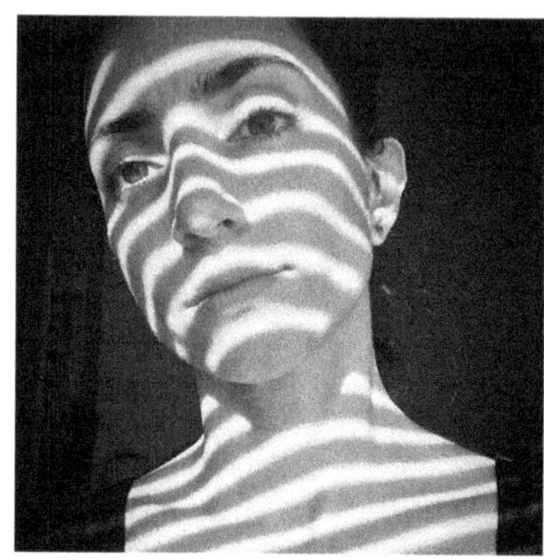

Mercedes Arturo (Sierra Grande, 1978) is a multidisciplinary Argentinian artist. Born in Patagonia, she relocated many times in her life, and is now based in Los Angeles, California.
She started her artistic life in Theater, specializing in Wardrobe and Stage Design. She studied Film Direction at ENERC (National Film School) in Buenos Aires. She has written and/or directed short films, music videos and VR experiences. Her work was shown in Sundance, Tribeca, Venezia, San Sebastián, Austin FF, NYFF, LAFF and more.

As Screenplay Writer she is developing different scripts for feature films and series with colleagues from Mexico, Argentina and Spain.

Her Visual Work includes sculptures, installations and performances, and was shown at places like National Academy of Fine Arts of New York, CC Recoleta, CIA (Center for Art Investigations) and Lebensohn Foundation in Buenos Aires, among others.

Secrets, confinement, and life as a foreigner are subjects always present in her work.

Mercedes Arturo (Sierra Grande, 1978) es una artista multidisciplinar argentina. Nacida en Patagonia, se mudó muchas veces y actualmente vive en Los Angeles, California. Comenzó su vida artística en el Teatro, especializándose en Vestuario y Escenografía. Estudió Dirección de Cine en la ENERC (Escuela Nacional de Experimentación y Realización Cinematográfica) en Buenos Aires. Ha escrito y/o dirigido cortometrajes, videoclips y experiencias de Realidad Virtual. Sus trabajos fueron exhibidos en Sundance, Tribeca, Venezia, San Sebastián, Austin FF, NYFF, LAFF y otros.

Como guionista desarrolla actualmente distintos guiones de largometraje y series con colegas de México, Argentina y España.

Su obra visual incluye esculturas, instalaciones y performances y ha sido exhibida en sitios como National Academy of Fine Arts of NY, CC Recoleta, CIA (Centro de Investigaciones Artísticas) y Fundación Lebensohn en Buenos Aires.

Los secretos, el encierro y la extranjería son temas siempre presentes en su obra.

Texts/Textos

MARCELO LARA

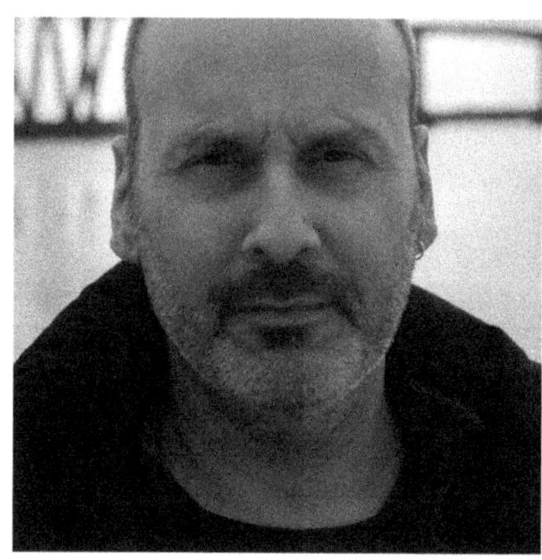

Marcelo Lara (Buenos Aires, 1973) holds a Teaching and Master's degree in Language and Literature, and a Magister's degree in Interdisciplinary Studies of Subjectivity at University of Buenos Aires (UBA).

He is a lecturer and a researcher at the English Literature Chair (UBA), and at the Thesis Writing Workshop of the Master's degree of Interdisciplinary Studies of Subjectivity (UBA).

He teaches Irish Literature and Literacy Theory in Public Educational Institutions. He is an Editing Secretary for *Beckettiana* magazine.

He has written several articles on Jonathan Swift and the problem of poverty in Ireland in the 18th century, and book chapters on English utopias in the 17th and 18th centuries, as well as on Renaissance poetry. He is currently pursuing his PhD in Social Sciences.

Marcelo Lara (Buenos Aires, 1973) es Licenciado y Profesor en Letras, y Magister en Estudios Interdisciplinarios de la Subjetividad por la Universidad de Buenos Aires (UBA).

Es docente e investigador en la Cátedra de Literatura Inglesa (UBA), y en el Taller de Escritura de Tesis de la Maestría en Estudios Interdisciplinarios de la Subjetividad (UBA).

Dicta cursos sobre Literatura Irlandesa y Teoría Literaria en Institutos de Educación Superior. Es Secretario de Redacción de la revista *Beckettiana.*

Ha escrito diversos artículos sobre Jonathan Swift y el problema de la pobreza en Irlanda en el siglo XVIII, y capítulos de libros sobre las utopías inglesas en los siglos XVII y XVIII, así como sobre poéticas del Renacimiento. Actualmente está cursando su doctorado en Ciencias Sociales.

Marcelo Lara and **Mercedes Arturo** crossed paths while studying theater in Buenos Aires in the early 2000's. Soon thereafter, their paths diverged: Marcelo heading towards literature and research, while Mercedes took to the visual arts and cinema. Since then, they have only meet by chance, or by necessity, and always with joy.

Above all, what unites them is their shared experience of having both been foreigners. They both lived for a time in Europe, a transformative experience. These days, Marcelo, living in Buenos Aires, dedicates his time to research which sometimes whisks him off to England and the USA, where life —or paradox— sent Mercedes to live.

In 2018, or thereabouts, Marcelo was preparing a text for a conference and needed a specific photo of a sign he had seen inside a McDonald's restaurant the year before. Even though Mercedes was living in Los Angeles, she knew she would soon visit the east coast. Thus, she promised to carry out the mission: take a photo of the sign that points out the fact that time in a space can expire.

As luck would have it, the need for a photograph, the happenstance of one of the friends already living in the US, and the complicity that defined their friendship from the start, coalesced. This series of fortunate events give birth to a collection of images that register the invasion, repetition, and threat in American signage, and try to size it up.

On a final note, Mercedes and Marcelo share the unusual experience of having surnames that in Spanish also happen to be first names: Lara and Arturo. Mixing mismatched genders, even their names play with words! Some of the resulting confusion must have caused Lara to write words about the words that Arturo photographs, and likewise, caused Arturo to photograph the words that Lara writes about. Each taking the place of the other at various times and under certain circumstances culminated in the expression that is now printed on these pages.

Marcelo Lara y **Mercedes Arturo** se cruzaron estudiando teatro en Buenos Aires, cuando empezaba el siglo XXI. Pronto emprendieron nuevos rumbos, él hacia la literatura y la investigación, ella hacia las artes visuales y el cine. Desde entonces se encuentran por casualidad o por necesidad, y siempre con alegría.

Los une, por sobre todas las cosas, la extranjería. Ambos vivieron en Europa unas vidas transformadoras. Hoy Marcelo vive en Buenos Aires, y debido a sus investigaciones a veces viaja a Inglaterra o a los Estados Unidos, a donde la vida (o la paradoja) llevó a Mercedes a vivir.

En 2018 Marcelo preparaba un texto para un congreso y necesitaba una foto específica: un cartel dentro del McDonald's de calle Broadway en Wall Street, Nueva York.
Y aunque Mercedes estaba en Los Angeles, viajaría pronto a la costa este, así que prometió llevar a cabo la misión: fotografiar el cartel que indicaba que el tiempo en ese espacio tenía vencimiento.

La necesidad de una foto, la casualidad de vivir en Estados Unidos y la complicidad de siempre se combinaron, y así surgió esta serie de imágenes que registran la invasión, la repetición y la amenaza de la señalética en EEUU, e intentan dimensionarla.

Mercedes y Marcelo comparten también la extraña experiencia de tener apellidos que en nuestra lengua son nombres propios de su sexo opuesto: son, también ellos, un juego de palabras en sí mismos. Algo de eso debe haber hecho que en este encuentro Lara escriba palabras sobre palabras que Arturo fotografía y que Arturo fotografíe palabras sobre las que Lara escribe otras.

oNOmastic NO-index in the USA

A
Anti-gridlock zone
Absolutely. No skateboarding. No rollerblading. No bicycle riding. No motorized vehicles. By order of Pinallas county sheriff's department
Aviso. Posesión de armas sin licencia en este local es un crimen con una pena máxima de 10 años de cárcel y una multa sin exceder $10,000

B
Bikeway
B. Emergency exit active 24 hours. Do not block

C
Caution. Hard hat area. Cuidado. Casco requerido
Council member Stephen T. Levin says: Do not place unsolicited advertising materials on this property

D
Do not enter. Wrong way
Dumpster rules. Residents only: permitted to use dumpster. Violators will be prosecuted. Securely bag your trash. Digging or scavenging prohibited. Prohibited items include: flammable or toxic materials. Furniture and appliances. Auto batteries. Empty boxes must be broken down. No parking in front of dumpster
Do **not** lean on door
Do **not** feed birds. S.M.M.C. 4.04.390
Do **not** stand in front of or between vehicles during landing approach and docking
Danger. Construction area. Keep out

E
Entrance
Employee entrance only

G
Government warning: according to the surgeon general, women should not drink alcoholic beverages during pregnancy because of the risk of birth defects

I
If you see something, say something. Tell a cop or call 1-888-NYC-SAFE

K
Keep out

L
Loading only

M
Mask required. Please be advised that face masks are required to be worn when visiting Arcosanti. We're happy to provide one-time-use paper masks to those visitors without their own masks

N
No smoking
No children in the basket! No niños en la canasta!
No right turn
No skateboarding
No Bicycling. No skating. No skateboarding
No skateboarding. No bicycle riding. No roller blading. No loitering
No e-scooters or motorized devices
No parking -except by permit- sunset to sunrise daily. To recover impounded vehicles call Santa Monica police dept. 310-458-8491. S.M.M.C. 3.04.030 and 3.04.040
No drones allowed
No drone zone
No parking any time
No trespassing. This property is protected by video surveillance. Trespassers will be prosecuted
No exit. Emergency use only
No bicycle parking
No bicycles! Locks will be cut off without a warning
No locks allowed. Temporary fence
No swimming. No nadar
No swimming or fishing. No nadar o pescar. SDUPD ORD. 8.27
No diving allowed
No. No. No. Yes. Yes. Do not leave children unattended. Always use seat belts
No crowd surfing. No stage diving. You will be asked to leave
No smoking. You must be 15 feet from any building entrances to smoke
No mask no service
No idling
No loitering. Violators will be prosecuted. Penal code 647 G. Se prohíbe holgazanes.
Violador será procesado. Código penal 647 G
No swimming or playing in the fountain
No soliciting

Notice. Lawful concealed carry permitted on these premises. Management recognizes the second amendment to the U.S. constitution as an unalienable right to all citizens. We therefore support and encourage the carrying of licensed concealed weapons
No smoking on the world famous Santa Mónica pier
No smoking including vapor and e-cigs
Notice. Social distancing area
No photography. No video recording
No parking. Tow away zone
No parking. Tow away zone
No parking. Tow away zone
No parking. Unauthorized vehicles will be towed away at vehicle owner's expense
No parking
No parking
No stopping
No parking any time 24 hour active driveway
No firearms allowed on this property
No idling
No smoking
Notice. You spend more time here than home, keep your area clean and organized
Neutral gate
No co-mingling allowed. Between international & domestic passengers. Airline employees are responsible for preventing co-mingling of passengers. The Co-mingling of passengers carries a $ 1000 fine per passenger/incident enforced by US Customs and Border Protection per US Code of Federal Regulations: 19 CFR 122.182(B) & 113.64(J)
Notice. Condemned. Unfit for human habitation. Keep out
No trespassing. This area closed after hours trespassers subject to arrest
No standing. Hotel loading zone
No standing anytime
No firearms permitted on property
Notice. The unlicensed possession of a weapon on these premises is a felony with a maximum penalty of 10 years imprisonment and a fine not to exceed $10,000
No weapons including mace & pepper spray. No outside food & drinks. No illegal drugs

P

Please-No Loitering. Time limit: 20 minutes. No outside food. The manager must enforce these rules. Your cooperation is appreciated
Positively no parking in front of garages
Please be considerate of our neighbors and keep noise levels down after 10 pm. Noise violations will not be tolerated. Please e-mail LAhousing@amda.edu with any questions or concerns
Place garbage inside dumpster. Do not throw or leave on ground

Pool rules
Police arrest anyone loitering in front of this building. Including the use or selling of drugs will be subject to prosecution
Proof of validated fare required. Comprobante de pasaje válido requerido
Plaza rules. No bicycles or skateboarding. No horses, vehicles, or trailers. No spikes or any other objects. Ord. 12.15.10 No smoking Ord. MTC8-10
Private property. No parking without property owner's permission. No trespassing
Please no pets
Please do not enter the store: without a shirt, without shoes, with pets, with ska es (sic.), with bikes. Persons not employed by Whole Foods Market may not: solicit anyone, distribute literatura, notices or any other materials, sell anything on Company property for any purpose, at any time. Please do not leave belongings unattended. Whole Foods Market is not responsible for lost or stolen personal ítems. Out of respect for our customers: neither photography nor video are allowed in the store, organized tours must have prior written consent
Private property. No trespassing. Violators will be prosecuted

R

Residential Neighborhood. No theater parking
Riding or moving between cars is prohibited unless there is an emergency, or as directed by police or train crew

S

Stop the spread of crime and drugs. If you see or know of someone committing a crime in your community or workplace, WE (800)78-CRIME. Se habla español
Safety first. Safety glasses, safety shoes and hard hats required beyond this point. Seguridad primero. Se requieren anteojos, zapatos de seguridad y casco más allá de este punto
Safety first. Stay alert. Don't get hurt
Security notice. Firearms are prohibited in this facility

T

This property is closed to the public. No entry without permission. L. A. M. C. SEC. 41.24
Takeout entrance Only. Dining. Please see host located at rear entrance for indoor and outdoor seating. No mask no service
Towing enforced at all times. Absolutely no parking. Unauthorized vehicles towed at owner's expense for towed vehicles call. 210-590-6200

U

Use caution, active bees in area. City of Phoenix. Parks and recreation department

W

Walkway
Warning. Moving gate can cause serious injury or death. Keep clear! Gate may move at any time without

prior warning. Do not let children operate the gate or play in the gate area. This entrance is for vehicles only. Pedestrians must use separate entrance

Warning. No public use of this dumpster. Violators will be prosecuted

Welcome to downtown Santa Monica & Third Street promenade. For the safety and comfort of all our Guests, the following activities are prohibited: Aggressive Solicitation. Sitting or lying on the sidewalk or in the promenade roadway except on promenade benches and steps. [no sign] smoking. [no sign] bicycling. [no sign] skateboarding. [no sign] skating

Warning. Audio & video surveillance on duty at all times. Aviso. Cámaras de vigilancia grabando audio y video todo el tiempo

Warning. No trespassing. This private property is secured by virtual guards with immediate response. Violators will be prosecuted. ECAMSECURE 800-287-1361

Warning: firearms prohibited: Federal law prohibits the possession of firearms or other dangerous weapon in this Federal Facility unless specifically authorized. 18 USC 930(a) possession violations are subject to fine and/or imprisonment up to one year, while 18 USC 930(b) possession violations with an intent to commit a crime are punishable by a fine and imprisonment up to five years

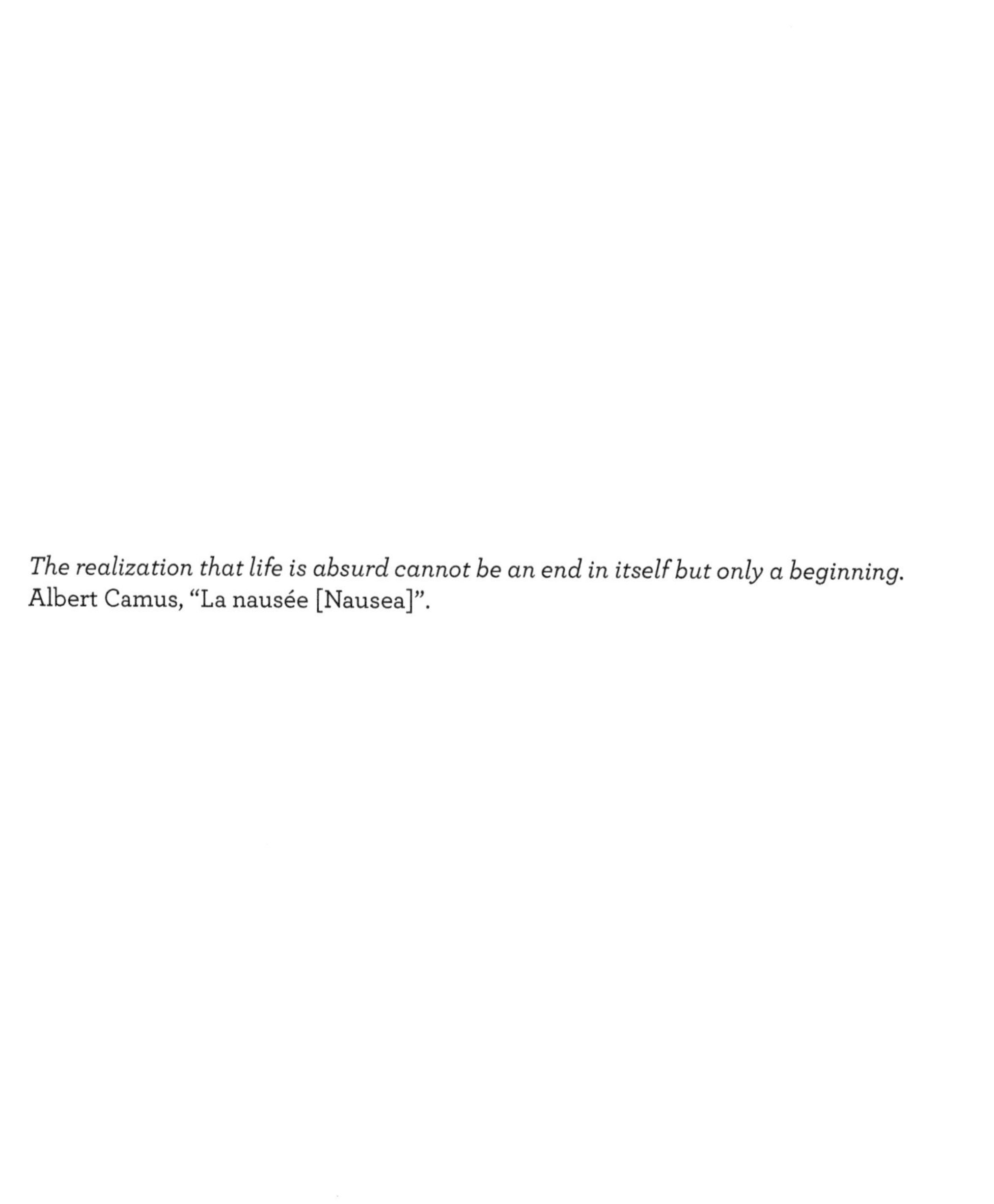

The realization that life is absurd cannot be an end in itself but only a beginning.
Albert Camus, "La nausée [Nausea]".

www.ingramcontent.com/pod-product-compliance
Ingram Content Group UK Ltd.
Pitfield, Milton Keynes, MK11 3LW, UK
UKHW062003290726
14090UKWH00022B/1353

9 798218 134464